Jouer avec votre Tout-Petit

GYMBORee JEUX & MUSIQUE
GUIDE POUR LES PARENTS

Jouer avec votre Tout-Petit

Traduction et adaptation : Normand Lebeau

Dr Wendy S. Masi

Dr Roni Cohen Leiderman

 **Broquet**

97-B, Montée des Bouleaux, Saint-Constant, Qc, Canada, J5A 1A9
Tél. : (450) 638-3338 / Télécopieur : (450) 638-4338
Site Internet : www.broquet.qc.ca
Courriel : info@broquet.qc.ca

Données de catalogage avant publication (Canada)

Vedette principale au titre :

Jouer avec votre tout-petit

(Gymboree. Jeux et musique)
Traduction de : Toddler play.
Comprend un index.

ISBN 2-89000-567-4

1. Tout-petits - Loisirs. 2. Tout-petits - Développement.
3. Jeux. 4. Jeu. I. Masi, Wendy S. II. Collection.

HQ774.5.T614 2002   649'.5   C2002-940733-8

Pour l'aide à la réalisation de son programme éditorial, l'éditeur remercie :
Le Gouvernement du Canada par l'entremise du Programme d'Aide au Développement de l'industrie de l'Édition (PADIÉ) ;
La Société de Développement des Entreprises Culturelles (SODEC) ;
L'Association pour l'Exportation du Livre Canadien (AELC);
Le Gouvernement du Québec - Programme de crédit d'impôt pour l'édition de livres - Gestion SODEC.

Pour l'édition en langue française :
Copyright © Ottawa 2002
Broquet inc.
Dépôt légal — Bibliothèque nationale du Québec
4ième trimestre 2002

ISBN : 2-89000-567-4

Imprimé à Singapour

NOTE PARTICULIÈRE CONCERNANT LES MESURES DE SÉCURITÉ

Nous encourageons les parents à devenir des partenaires de jeu actifs avec leurs enfants. Pendant que vous vous livrerez à ces activités enrichissantes avec votre enfant, assurez-vous que la sécurité soit une priorité. Bien que les risques de blessures soient minces dans les activités proposées dans ce livre, nous vous encourageons à prendre toutes les mesures nécessaires pour assurer la sécurité de votre enfant. Veuillez suivre les présentes directives afin de réduire les risques de blessures. Ne laissez jamais votre enfant sans surveillance, ne serait-ce qu'un instant, lorsque vous pratiquerez les exercices décrits dans ce livre, particulièrement ceux qui ont lieu dans l'eau en raison du risque de noyade. Assurez-vous que votre bébé ne met aucun objet (même ceux apparaissant sur les photos) de petite taille dans sa bouche, car certains pourraient présenter un risque de suffocation et s'avérer mortels. Vous devez donc faire en sorte d'utiliser des crayons, des marqueurs et autres accessoires d'écriture non-toxiques et dont l'usage est recommandé pour des enfants de trois ans et moins.

Dans tout le livre Jouer avec votre tout-petit, nous avons émis des directives quant à l'âge approprié pour chacune des activités proposées, mais nous vous recommandons d'évaluer vous-même avant-coup la pertinence d'une activité particulière pour votre enfant, car l'habileté, l'équilibre et la dextérité diffèrent passablement d'un enfant à un autre.

Bien que nous n'ayons négligé aucun effort pour nous assurer que l'information contenue dans ce livre soit exacte et fiable et que les activités proposées soient sécuritaires et fonctionnelles lorsqu'un adulte en assure la supervision adéquate, nous déclinons toute responsabilité quant à tout usage involontaire, imprévu ou inapproprié des recommandations et suggestions mises de l'avant par l'auteure de Jouer avec votre tout-petit.

TABLE DES MATIÈRES

30 MOIS
2 ½
ET PLUS

TYPES D'ACTIVITÉS

10

AVANT-PROPOS

DR ANTHONY D. PELLEGRINI

Depuis mes débuts dans le monde de l'enseignement dans les années 1970, je suis fasciné lorsque je regarde jouer des tout-petits. Pleins d'énergie, de ressources et d'une curiosité insatiable, ils représentent une véritable force de la nature! Ils affichent un tel enthousiasme à l'égard du jeu qu'on croirait qu'il s'agit de l'œuvre de leur vie, ce qui est vrai à l'âge vénérable d'un ou deux ans. C'est par l'intermédiaire du jeu que les tout-petits apprivoisent le monde et préparent leurs réalisations futures.

Observer de jeunes enfants m'a suffisamment inspiré pour que j'en fasse le centre de ma vie professionnelle. J'ai œuvré pendant plus de vingt-cinq ans dans le domaine de la psychologie scolaire à rechercher l'influence du jeu sur le développement social, émotionnel et cognitif des jeunes enfants.

Je sais maintenant qu'il existe différentes formes de jeux. Ainsi, regarder la télévision pendant des heures est une occupation trop passive pour fournir la stimulation mentale et physique dont les tout-petits ont besoin pour s'épanouir. Une activité présentant une structure rigide qui va à l'encontre de leur personnalité ou de leurs préférences en matière de jeu n'est guère plus recommandable. Pour que le jeu soit réellement enrichissant, les enfants ont besoin d'interaction sociale, d'enthousiasme, de diversité et d'un certain niveau de contrôle. Ils ont également besoin de partenaires de jeu qui réagissent à leurs signaux, qui les encouragent et leur témoignent de l'affection, c'est-à-dire de vous, leurs parents.

Ce n'est pas parce que les tout-petits se tournent naturellement vers vous comme compagnons de jeu qu'il vous sera toujours facile de contenter ces aventuriers à la curiosité inépuisable. Le seul fait d'essayer de trouver des activités susceptibles d'occuper l'enfant tout en l'amusant s'avère parfois difficile pour le plus imaginatif des parents, de là l'utilité d'un livre comme celui-ci. Forte d'une expérience de deux décennies en tant que principal fournisseur de jeux et programmes pour parents et enfants en Amérique, Gymboree a élaboré ce précieux outil à la fois ludique et pédagogique pour faciliter la tenue de séances de jeu créatives et enrichissantes, convenant autant pour les activités à la maison que pour les voyages en famille. La diversité des activités proposées dans cet ouvrage tient compte des besoins d'un enfant de se livrer à toutes sortes de jeux et la souplesse des directives encourage les parents à adapter les jeux et les projets en fonction des intérêts et des habiletés de leur enfant. Ces activités se conforment d'abord et avant tout à la philosophie du " jeu favorisant le développement " de Gymboree et sont conçues pour favoriser le développement d'une large gamme d'habiletés cognitives, sociales et physiques dans un contexte ludique où l'enfant a du plaisir!

Je suis convaincu que *Jouer avec votre tout-petit* sera pour vous et votre enfant une source d'inspiration et d'enrichissement et que vous y puiserez conseils et inspiration de façon répétée.

Dr Anthony D. Pellegrini
Professeur en psychologie scolaire
Université du Minnesota

DES OBJECTIFS D'APPRENTISSAGE DANS UN CONTEXTE LUDIQUE

Qu'ils affichent de larges sourires ou une intensité inégalable, les tout-petits sont étonnants à regarder quand ils jouent. La concentration avec laquelle ils examinent et zut... défont parfois, chaque nouvel objet. L'enthousiasme qu'ils mettent dans leurs efforts et leur exultation devant chaque nouvelle habileté acquise démontrent que pour un jeune enfant, le jeu est une affaire sérieuse! C'est par l'intermédiaire du jeu que ces jeunes explorateurs découvrent leur monde, les autres et eux-mêmes en testant leurs capacités et en allant au-delà de leurs limites, qu'il s'agisse de réussir à construire un château de sable ou de leurs premières expériences d'interaction sociale.

Ces premières années présentent aux parents de formidables occasions de faire éclore le potentiel de leur enfant. Le cerveau d'un jeune enfant est comme une page blanche ou une toile prête à accueillir tous les mots et toutes les couleurs. Il est fortement influencé par son environnement et ce qu'il vit ou ne vit pas, actuellement. Ce qui aura des répercussions tout au long de son existence. À première vue, il s'agit d'un défi de taille, mais pour lequel vous disposerez néanmoins d'atouts précieux, notamment le fait que les enfants ont une capacité d'apprentissage exceptionnelle. De plus, les parents ont cette faculté innée d'apporter à leurs enfants les stimulations dont ils ont besoin et comme le jeu représente pour les enfants une source inépuisable d'enrichissement, ce défi devrait s'avérer aussi passionnant pour le parent que pour l'enfant.

UNE SUCCESSION DE BULLES FLOTTANTES est une vision empreinte de magie et une éclatante démonstration de la notion de cause et d'effet.

LES BIENFAITS DU JEU

Vu que le jeu est une activité naturelle chez les enfants et semble uniquement orienté vers le plaisir, il arrive qu'on sous-estime les nombreux bienfaits du jeu sur le développement émotionnel, physique et intellectuel de l'enfant.

LA COORDINATION et le rythme deviendront inséparables une fois qu'elle aura saisi le rythme d'un morceau entraînant.

Par l'intermédiaire du jeu, un jeune enfant acquiert de nombreuses habiletés essentielles comme la façon de communiquer, de compter et de résoudre des problèmes. Il aiguise ses mouvements globaux en lançant des balles ou en grimpant à l'échelle d'une glissoire et polit ses habiletés motrices fines en peignant avec des brosses ou en dessinant avec des crayons. Il fait montre d'une imagination débordante lorsqu'il fait semblant de tenir une conversation au moyen d'un téléphone-jouet ou s'affuble de toute une série de chapeaux ridicules devant un miroir. Ses capacités langagières s'améliorent en écoutant raconter des histoires et il désire communiquer ses goûts et ses préférences. Ses premières rencontres sociales avec des camarades de jeu, des membres de la famille, ses parents ou d'autres adultes lui enseignent comment se comporter avec les autres et respecter les règles et les limites. Le fait de

participer à diverses activités ludiques lui apprend à se concentrer et à persévérer.

Le jeu représente aussi pour vous un indicateur précieux quant à la personnalité de votre enfant. En jouant avec lui ou en le regardant jouer avec d'autres enfants, vous verrez comment il réagit face aux obstacles, aux échecs et aux réussites. Au fil du temps, vous verrez émerger son sens de l'humour particulier et se développer ses habiletés sociales.

Sa façon de jouer traduit ses émotions, ses aptitudes et les modes d'apprentissage qu'il préfère, c'est-à-dire, s'il réagit positivement à des directives verbales ou à des images, ou s'il retient mieux l'information, suite à des expériences pratiques.

UN PETIT COUPLET devient une pièce musicale exceptionnelle lorsque maman est de la partie.

Le jeu représente pour vous une occasion en or d'établir de solides liens affectifs avec votre tout-petit. Lorsqu'il est tranquille, le bercer et regarder des livres d'images ou construire une tour avec des blocs crée une atmosphère d'intimité et de tranquillité. Quand il est plus turbulent, une partie de cache-cache ou lancer des balles lestées permet de communiquer à l'enfant l'idée que les parents ne sont pas là uniquement pour prendre soin d'eux et leur donner de l'affection, mais qu'ils sont aussi d'amusants compagnons de jeu.

Lorsque vous lui permettez d'acquérir de nouvelles habiletés et que vous le félicitez de ses efforts, vous lui démontrez que vous êtes toujours là pour l'appuyer et favoriser ses progrès. De plus, d'innombrables études ont prouvé que les enfants apprenaient mieux lorsqu'ils évoluaient dans un environnement où ils reçoivent de l'affection et des compliments.

QUELQUES BALLES DE CAOUTCHOUC suffisent à enseigner à un jeune enfant une foule de choses concernant la distance, les grandeurs et les formes.

Devenir le partenaire de jeu enthousiaste de votre petit trésor vous permet de mille et une façons de créer entre vous deux un lien privilégié qui durera toute la vie.

DIFFÉRENTES FAÇONS DE JOUER

Ce livre est conçu pour vous aider à faire des premières années d'existence de votre enfant, une période heureuse en lui offrant une multitude d'activités et de jeux des plus diversifiés à partager en votre compagnie. Vous y trouverez des jeux entraînants faisant appel à la participation vocale, des projets artistiques, des jeux pour le bain, des jeux avec des accessoires comme des couvertures, des boîtes et des blocs, ainsi que de nombreuses autres suggestions créatives. Il existe différentes façons d'initier votre

BOUGER AU RYTME DE LA MUSIQUE permet aux tout-petits (et aux mamans aussi) de se défouler.

enfant aux joies de la musique, de favoriser sa coordination et son développement musculaire et d'augmenter son vocabulaire. Cette large gamme d'activités touche à tous les aspects importants des capacités physiques, mentales, sociales et émotionnelles d'un enfant et chacune d'entre elles a été soigneusement conçue et choisie en fonction de sa pertinence sur le plan du développement. Certaines de ces activités sont traditionnelles, d'autres sont des créations de Gymboree, mais toutes favorisent un type de relation basé sur une interaction enrichissante et affective, propre à stimuler l'apprentissage d'un jeune enfant et à forger un lien durable entre le parent et l'enfant.

Bien que le jeu et l'apprentissage soient indissociablement liés, l'objectif principal de ces activités n'est pas de soumettre votre enfant à une série d'exercices rigides. Jouer avec son tout-petit met l'accent d'abord et avant tout sur la notion de plaisir et d'activités reliées au développement de l'enfant en fonction de son âge. Toutes les activités proposées visent à procurer de solides assises pour tous les apprentissages éventuels. En d'autres mots, elles aident votre enfant à apprendre comment apprendre.

PLACE AU JEU !

Loin d'être rigides, les directives accompagnant les activités visent à les encadrer tout en laissant le maximum de liberté aux parents, afin qu'ils puissent les adapter au tempérament et aux intérêts particuliers de leur enfant. Mettez le jeu en branle, puis laissez votre enfant donner la tournure qui lui plaît à l'activité. Vous l'encouragerez ainsi à faire preuve d'initiative, à résoudre des

problèmes, à exercer sa créativité, à cultiver l'estime de soi et à acquérir de l'autonomie.

La mise en place d'un environnement approprié et sécuritaire contribue également au sentiment d'autonomie de l'enfant et à le stimuler. Nous vous suggérons de tapisser les murs de sa chambre de miroirs incassables et d'affiches colorées et de transformer le plafond en ciel étoilé ou en univers sous-marin au moyen d'autocollants phosphorescents. Disposez des jouets, des livres et du matériel d'artiste

ALLEZ-Y D'UN BRIN DE FOLIE — aucune chanson n'est trop ridicule pour votre bambin ricaneur, alors lâchez votre fou !

Les activités proposées dans ce livre sont regroupées de façon chronologique en périodes de six mois correspondant aux étapes importantes du développement de l'enfant. Les catégories d'âges ne servent que d'indicateurs, car il existe d'importantes différences quant au niveau de développement d'un enfant à l'autre.

12 MOIS ET PLUS

Qu'ils se promènent à quatre pattes, trottinent ou marchent, les enfants âgés d'un an profitent d'une nouvelle mobilité, qui s'accompagne d'une curiosité insatiable. Leurs habiletés motrices fines sont suffisamment développées pour leur permettre de ramasser de petits objets et d'empiler quelques blocs. Ils aiment écouter la voix de leurs parents, que ce soit pour leur raconter une histoire ou leur apprendre une chanson. Ils comprennent également plusieurs mots et obéissent à des directives simples. Certains enfants de cet âge commencent même à dire quelques mots.

18 MOIS ET PLUS

Les enfants de cet âge ont le goût d'explorer, de manipuler, de goûter et de remuer à peu près tout ce qui se trouve à leur portée. Leurs mouvements globaux en constante progression leur permettent de marcher, de courir et de grimper et leurs habiletés motrices fines, de manger avec une cuillère et de lancer une balle. Ils apprécient les jeux qui font appel à leur sensibilité tactile et démontrent leur intérêt pour la musique en se balançant. Leur vocabulaire compte en moyenne un peu plus d'une dizaine de mots et ils peuvent généralement formuler des phrases simples consistant en deux ou trois mots.

24 MOIS ET PLUS

L'enfant a maintenant acquis une force, une souplesse et un équilibre supérieurs. Il est en mesure de dévisser le couvercle d'un pot et d'accomplir d'autres tâches qui font appel à ses habiletés motrices fines. Son enthousiasme pour la musique ne se dément pas et il commence à se servir de son imagination. La plupart des jeunes enfants de cet âge apprécient la compagnie de leurs semblables, mais ont tendance à jouer à côté d'eux plutôt qu'avec eux. Leur vocabulaire comprend vraisemblablement plus de deux cents mots et ils sont capables de former des phrases simples.

30 MOIS ET PLUS

À cet âge, les enfants apprécient particulièrement les activités qui leur permettent de perfectionner leurs habiletés physiques : la course, le saut, les promenades en tricycle ou le simple fait d'attraper un ballon. Ils continuent de parfaire leurs habiletés motrices fines en tenant un crayon ou en peignant. Ils peuvent se concentrer plus longtemps et manifestent une passion pour des activités de classement et de triage. Leurs capacités langagières s'accroissent considérablement et ils commencent à saisir des notions d'abstraction, ce qui enrichit leur répertoire de jeux imaginaires.

sur des bibliothèques ou des tables basses et placez régulièrement des articles différents en offrant à votre enfant un système de classement et de tri simple. Installez un panier à linge à portée de votre tout-petit ainsi que des supports afin qu'il puisse suspendre ses vêtements. Il est important de ne pas accumuler une panoplie de jouets dispendieux et compliqués, car des articles conventionnels comme des casse-tête, des bulles, des marionnettes, des blocs, des couvercles et des balles demeurent toujours aussi appréciés et invitants pour les jeunes enfants.

Une fois que vous vous serez familiarisé avec «Jouer avec votre tout-petit», n'hésitez pas à répéter souvent les activités préférées de votre enfant, car les enfants apprennent énormément grâce à la répétition. Cela leur permet de mettre à l'essai et de perfectionner ce qu'ils ont appris et leur procurent un sentiment d'accomplissement (voir page 52 pour plus d'information sur l'importance de la répétition). Ne vous faites pas de mauvais sang si votre enfant ne semble pas se comporter conformément à sa catégorie d'âge, s'il a des problèmes à tenir un ballon de plage ou à passer le ballon ou si au contraire, il mémorise rapidement chacune des chansons et des jeux avec les doigts expliqués et illustrés dans ce livre.

N'oubliez pas que chaque enfant se développe à son propre rythme et à sa façon (voir page 34 pour

NOTE DE L'ÉDITEUR : nous avons retenu le terme «tout-petit» et l'avons mis conséqemment au masculin. Il va sans dire que dans ce cas les textes peuvent s'appliquer autant aux petites filles qu'aux petits garçons.

«Trottineur» : nous avons retenu ce mot parce que c'est un terme favorisé dans le développement de l'enfant de 1 à 3 ans.

plus d'information au sujet des différences sur le plan du développement). Les catégories d'âge ne tiennent lieu que de directives générales et ce livre contient de nombreuses activités susceptibles de convenir aux goûts particuliers de chaque enfant.

Allez de l'avant, mettez votre costume d'enfant, réchauffez vos cordes vocales et préparez-vous à pénétrer dans l'univers de votre tout-petit et à lui ouvrir toutes grandes les portes de la connaissance en essayant les activités proposées dans les pages qui suivent. Elles vous permettront d'offrir à votre enfant un environnement plus enrichissant et stimulant et vous procureront d'heureux souvenir en tant que premier camarade de jeu de votre bout de chou.

LES JEUX AVEC LES DOIGTS permettront à votre petite araignée préférée d'exercer à la fois ses habiletés vocales et ses habiletés motrices fines.

LES JEUX

LES PAGES SUIVANTES décrivent plus d'une centaine d'activités, toutes conçues pour encourager la participation et la stimulation de votre tout-petit et pour que le temps que vous passez à jouer avec votre enfant soit le plus enrichissant possible. Vous trouverez des suggestions pour toutes les formes de jeu imaginables, à partir des jeux avec les doigts et des promenades dans la nature jusqu'à la création artistique et aux projets de construction. Il vous restera à choisir les jeux qui correspondent le mieux aux intérêts et aux humeurs de votre enfant. Toutes ces activités, peu structurées, sont réalisables avec un minimum d'équipement et un maximum d'imagination. Nous vous invitons à parcourir ces pages afin de voir quelles sont les expériences intéressantes pour vous et votre enfant. Que le plaisir commence !

GUIDE DES ACTIVITÉS

SI VOUS ÊTES COMME la plupart des parents, vous avez probablement beaucoup d'amour à donner, mais vous disposez de peu de temps. Pour y remédier, *Jouer avec votre tout-petit* propose de nombreuses activités dans un format permettant une consultation rapide, ce qui permet aux parents occupés de se familiariser rapi-

dement avec une foule d'activités ludiques. Cette présentation-éclair permet de trouver facilement les activités recherchées, de les comprendre et de les mettre rapidement en pratique. Vous passerez donc moins de temps à lire des directives et plus de temps à pratiquer des activités divertissantes avec votre enfant.

Conseils aux parents *traite du développement de votre bébé et présente des conseils utiles quant à votre rôle de premier enseignant et camarade de jeu de votre enfant.*

Des photographies en couleurs *de tout-petits, souvent accompagnés d'un parent, illustrant chacune des activités décrites dans ce livre.*

Les paroles des chansons, *des chants et des rimes apparaissent sur un fond jaune et sont souvent accompagnées de suggestions illustrées de gestes de la main et du corps.*

Pour consultation facile, *chaque jeu est classé par genre, des projets artistiques aux jeux avec ballon et dans la baignoire, de façon à ce que vous puissiez trouver rapidement une activité correspondant aux intérêts spécifiques de votre bébé.*

Chacune des activités *est accompagnée de directives sommaires, faciles à suivre, de même que d'information sur la façon de varier les activités et quand il y a lieu, de les adapter pour qu'elles plaisent à votre bébé au fur et à mesure de sa croissance.*

Les étiquettes d'âge *indiquent le meilleur âge recommandé pour commencer chacune des activités. Ce livre est divisé en quatre catégories d'âge (pour plus de détails sur les phases de développement associées à chaque catégorie d'âge, veuillez consulter la page 18). Ces étiquettes présentent un guide exhaustif vous permettant de trouver une activité convenant à votre enfant. Toutefois, la plupart des activités proposées peuvent être adaptées avec succès aux jeunes enfants dont l'âge varie entre douze mois et trois ans.*

La rubrique Habiletés *explique la caractéristique de développement de chaque jeu et comprend une liste de vérification rapide des avantages offerts par ces activités.*

La rubrique Faites-le vous-même *présente des suggestions sur la façon de confectionner des jouets et des accessoires à partir de matériaux économiques.*

Les références croisées *vous renvoient à des activités de même nature que votre enfant devrait également apprécier.*

La rubrique Rapports de recherche *souligne des découvertes scientifiques récentes sur le développement et l'apprentissage des jeunes enfants au cours de leurs premières années d'existence.*

12 MOIS ET PLUS

LANCE LE BALLON

INITIATION AU JEU DE BALLON

HABILETÉS

Apprendre à faire rouler *ou même à arrêter une balle aide les tout-petits à perfectionner leurs mouvements globaux et à développer la coordination œil-main (ou œil-pied, selon le cas). Cela contribue également à développer le sens de la synchronisation, car l'enfant tentera d'évaluer combien de temps il faudra pour que le ballon parvienne jusqu'à lui.*

Conscience de son corps	✔
Coordination	✔
Mouvements globaux	✔

SI VOTRE ENFANT AIME CETTE ACTIVITÉ, essayez aussi *Du plaisir à plein tube,* en page 96.

RARES SONT LES tout-petits capables d'attraper un ballon, car il faut une bonne dose de coordination pour y parvenir, mais la plupart aiment pousser, frapper du pied et saisir cet objet invitant. Pour initier votre enfant à une partie de ballon, choisissez un endroit plat et gazonné à l'extérieur ou un endroit où il y a suffisamment d'espace à l'intérieur et asseyez-vous à quelques centimètres de lui. Faites rouler le ballon doucement en direction du petit, puis encouragez-le à le faire rouler ensuite dans votre direction. Au fur et à mesure de sa progression à ce jeu, asseyez-vous de plus en plus loin de lui et essayez de faire rebondir légèrement le ballon entre vous deux.

LE BALLON DOIT AVOIR ENVIRON LA MÊME GROSSEUR que la tête de votre enfant afin qu'il ne soit ni trop encombrant ni trop petit pour être manipulé.

12 MOIS ET PLUS

1

UN ORCHESTRE DE DOIGTS

CHANSON AVEC INSTRUMENTS IMAGINAIRES

IL N'EST JAMAIS TROP TÔT pour donner des leçons de musique à votre enfant, surtout lorsque les instruments sont imaginaires. Vous n'aurez pas à vous inquiéter du fait que votre enfant n'a jamais entendu une clarinette ou vu un trombone, il vous observera avec intérêt et imitera les gestes de vos mains, quels qu'ils soient. Faites des gestes précis et énergiques. Au début, s'il n'est pas capable de vous imiter, faites bouger ses doigts. Une fois qu'il aura gagné en coordination et sera capable de vous imiter, soulevez et abaissez vos jambes pendant que vous chantez et jouez. Essayez d'alterner en chantant doucement, puis plus fort et faites-lui remarquer la différence.

RÉSERVEZ UNE PLACE SUR VOS GENOUX À VOTRE PETITE MAJORETTE, et initiez-la à votre orchestre de doigts avant de mettre la parade en marche.

 sur l'air de **«Bonhomme! Bonhomme!»**

Tenez vos doigts en l'air et remuez-les pendant le premier couplet, puis imitez les instruments avec vos doigts durant les couplets suivants.

Bonhomme, bonhomme, sais-tu jouer?
(répétez)
Sais-tu jouer de ce violon-là? *(répétez)*
Zing, zing de ce violon-là, *(répétez)*
Bonhomme!
Tu n'es pas maître dans ta maison
quand nous y sommes.
Bonhomme, bonhomme, sais-tu jouer?
(répétez)
Sais-tu jouer de cette flûte-là? *(répétez)*
Flût, flût de cette flûte-là,
Zing, zing de ce violon-là,
Bonhomme!
Tu n'es pas maître dans ta maison
quand nous y sommes.
Continue la chanson en ajoutant des instruments comme un tambour, un piano, une guitare, etc.

✔ **Coordination œil-main**

✔ **Développement du langage**

✔ **Capacité d'écoute**

25

PARACHUTISTES EN HERBE

DÉVELOPPER SON ÉQUILIBRE EN S'AMUSANT

HABILETÉS

Jouer au parachute *permet d'accroître l'équilibre de votre enfant, une acquisition précieuse qui lui donnera plus d'autonomie, car cette habileté prépare à la marche, à la course et à d'autres activités physiques plus complexes comme le saut à la corde ou même la culbute. Les parachutes sont également des objets intéressants en raison de leur surface glissante et de leurs couleurs vives. Nommez les couleurs pendant que vous jouez afin que votre enfant apprenne à bien les identifier.*

Équilibre	✔
Stimulation tactile	✔
Distinction visuelle	✔

VOTRE TOUT-PETIT exultera lorsque vous lui offrirez un périlleux tour de parachute, tout en vous assurant de sa sécurité pendant qu'il essaiera de conserver son équilibre en mouvement. Asseyez-le ou allongez-le sur un tapis, un parachute miniature, une couverture ou un drap aux couleurs vives, puis doucement et graduellement, tirez-le en prenant soin d'éviter les meubles et les surfaces pointues pendant votre promenade.

• Demandez à un autre adulte de vous aider à tenir la couverture ou le parachute au-dessus de la tête de votre enfant. Si ce dernier peut se tenir facilement, mettez son équilibre à l'épreuve en soulevant et en abaissant légèrement le parachute pendant qu'il est en dessous et en contemple les couleurs ou les motifs. Allez-y doucement, car même un parachute léger peut faire perdre l'équilibre précaire d'un jeune enfant.

QUI A BESOIN D'UN TAPIS MAGIQUE ? Voyager grâce aux bons soins de papa sur un parachute, un drap ou une couverture aux couleurs vives, est un véritable enchantement pour un tout-petit.

26

«Et on s'envole!»

• Marchez en rond en tenant la couverture ou le parachute au-dessus de la tête de votre enfant en chantant «Tout autour» (voir page 114 pour les paroles des rondes) ou une autre chanson de circonstance que votre enfant apprécie. À la fin de la chanson, laissez le parachute descendre au sol avec l'enfant en-dessous. Cette activité est particulièrement amusante lorsque plusieurs enfants y participent.

SI VOTRE ENFANT AIME CETTE ACTIVITÉ, essayez aussi *Danse et halte*, en page 39.

27

L'HEURE DE LA RIME

LES COMPTINES font partie de l'univers des jeunes enfants depuis des siècles. Même lorsqu'elles ne veulent rien dire, les rimes ont un effet contagieux et enthousiasmant sur les enfants. Elles rendent le langage plus intéressant et plus facile à retenir et vous aident à communiquer avec votre enfant à un niveau qui est agréable pour vous deux. N'hésitez pas à improviser vos propres gestes et mouvements des mains pour accompagner certaines des comptines suivantes.

ABRACADABRA

ABRACADABRA s'exclame l'ara,
ABRACADABRANT, barrit l'éléphant,
ABRACADABRE, chante l'araignée,
ABRACADABRI, bêle le cabri,
ABRACADABRO, flûte le crapaud,
ABRACADABRU, conclut l'urubu.

UN PETIT COCHON

Un petit cochon pendu au plafond,
Tirez-lui la queue, il pondra des œufs,
Tirez-lui plus fort, il pondra de l'or.

LA FAMILLE HURLUBERLU

Dans la famille Hurluberlu,
Il y a dix chiens et dix tortues.
Où sont les chiens ?
On n'en sait rien !
Et les tortues ?
On ne sait plus!

À LA FERME

Qui est blanche avec des taches ?
C'est la vache !
Qui a des petits frisons ?
Le mouton !
Qui est tout rose et tout rond ?
Le cochon !

DOUZE JOLIS PETITS COCHONS

Douze jolis petits cochons,
Douze cochons qui tournent en rond.
Installez l'enfant devant vous et promenez
votre doigt en faisant un cercle autour de
son ventre
Tu en prends un et puis tu danses,
Il te fera la révérence.
Et de une, et de deux,
et de trois et de quatre.
Pressez légèrement chaque main et chaque
pied de l'enfant chaque fois que vous dites
un nombre
Et une chatouille à quatre pattes!
Chatouillez l'enfant sous le menton.

L'ÉLÉPHANT

Asseyez l'enfant sur vos genoux
L'éléphant se douche, douche, douche,
Sa trompe est un arrosoir.
Faites semblant d'arroser l'enfant

L'éléphant se mouche, mouche, mouche,
Il lui faut un grand mouchoir.
Sortez un mouchoir et faites semblant
de vous moucher

L'éléphant dans sa bouche, bouche, bouche,
À deux défenses en ivoire.
L'éléphant se couche, couche, couche,
À huit heures tous les soirs.
Appuyez votre tête sur vos mains et faites
semblant de vous coucher.

LA PETITE HORLOGE

C'est la petite horloge qui sonne l'heure,
Remuez vos index d'un côté à l'autre
comme une horloge coucou
Le chat donne un coup en passant,
Faites courir vos doigts sur le bras
de l'enfant
La petite horloge sonne une heure,
Soulevez un doigt
Le chat tombe sur son séant.
Faites courir vos doigts sur le bras
de l'enfant
C'est la petite horloge, c'est la petite
horloge.
Imitez l'horloge coucou.

VOTRE ENFANT adorera imiter tous les mouvements que vous ferez avec les mains, y compris lever un doigt pour représenter l'horloge sonnant le coup d'une heure.

29

ÉCLATEMENT DE BULLES ET DE JOIE

LA CHASSE AUX BULLES EST OUVERTE!

HABILETÉS

Pourchasser, attraper *et faire éclater des bulles favorisent la coordination œil-main, la stimulation sensorielle, la conscience du corps et les mouvements globaux. Si votre fillette essaie de faire éclater des bulles d'elle-même, elle se familiarisera avec la notion de cause et d'effet. Votre chasseuse de bulles découvrira également qu'en touchant cet objet qui lui semble solide, celui-ci éclatera, ce qui lui donnera sa première leçon de physique.*

Coordination œil-main	✔
Mouvements globaux	✔
Développement du langage	✔
Stimulation tactile	✔

FAITES VOS PROPRES BULLES

Pour confectionner la solution savonneuse, mélangez 1 tasse d'eau, 1 cuillère à thé de glycérine (en vente dans la plupart des pharmacies) et 2 cuillères à table de détergent à vaisselle. Confectionnez-vous des pipes à partir de cure-pipes, d'attaches de sac en plastique et même de tasses en plastique dont vous aurez pris soin de découper le centre.

S'IL EXISTE UNE ÉQUATION MAGIQUE pour faire entrer en transe un enfant d'une douzaine de mois, c'est bien la combinaison d'une simple solution savonneuse et d'un lance-bulles. Souffler, pourchasser et faire éclater des bulles favorisent le mouvement, stimulent la coordination œil-main et introduisent votre enfant à des concepts comme grand et petit ou haut et bas. Utilisez différents types et formats de lance-bulles. Ne vous étonnez pas si votre enfant raffole de cette activité au point où le mot bulle devient l'un de ses mots préférés.

• Servez-vous d'un gros tube ou lance-bulles pour fabriquer d'énormes bulles et encouragez-la à les traquer et à les faire éclater, puis recommencez avec un tube plus petit. Soufflez avec force lorsque vous désirez créer une averse de petites bulles et tout doucement pour produire une grosse bulle. Envoyez les bulles très haut ou très bas en disant «haut» ou «bas» en les regardant prendre leur envol.

• Allez à l'extérieur avec votre enfant et faites des bulles. Expliquez-lui que le vent qui fait bruire les feuilles et agite ses cheveux emporte aussi les bulles au loin. Incitez votre chasseuse de bulles à les faire éclater avec ses doigts ou à les écraser avec ses pieds. Reculez en soufflant dans le lance-bulles pour que l'enfant soit obligé de courir après vous pour attraper les bulles.

UNE AVERSE DE BULLES fascinera votre fillette
et la poursuite folle qu'elle entreprendra pour
faire éclater les bulles lui permettra d'exercer sa
coordination et ses mouvements globaux.

TAPE DANS TES MAINS

CHANTER EN MOUVEMENT

HABILETÉS

Apprendre les mots *correspondant aux différentes parties du corps et à contrôler les mains, les bras et les pieds représente tout un contrat pour un enfant de cet âge. Même si votre enfant a déjà commencé à indiquer les parties de son corps lorsque vous les nommez, cette chanson lui permettra de se pratiquer à bouger et à identifier individuellement ses mains, ses pieds, ses bras et ses lèvres.*

Conscience de son corps	✔
Mouvements globaux	✔
Capacités d'écoute	✔
Habiletés sociales	✔

SI VOTRE ENFANT AIME CETTE ACTIVITÉ, essayez aussi Fais comme moi, en page 57.

SUR L'AIR DE *Ah, vous dirai-je maman,* invitez votre fillette à associer mots et mouvements en modifiant à votre gré la chanson dont les paroles sont indiquées à la page suivante. Les mots «tape, tape, tape» encouragent votre fillette à taper dans ses mains et à bouger son corps en suivant les paroles. L'association des mots et des gestes avec une mélodie permettront d'augmenter sa compréhension du rythme, car elle le ressentira et l'imitera avec son propre corps.

• Comme les jeunes enfants sont avides d'apprendre les mots identifiant les parties du corps, assurez-vous d'insister sur les mots «mains», «bras» et «bouche» en prenant soin de bien les articuler ou en chantant plus fort. Pour commencer, faites des mouvements exagérés afin de bien représenter la signification des mots.

• Cet exercice permet de multiples variations et vous pourrez demander à votre fillette de se taper sur les genoux, de remuer les hanches ou de faire un signe de la tête.

• Une fois qu'elle aura bien appris la chanson, faites : quelques erreurs volontaires, par exemple : tapez dans vos mains lorsqu'il faut taper du pied au sol et regardez-la s'esclaffer. Vous aurez l'agréable surprise de constater que votre fille a déjà le sens de l'humour.

VOTRE ENFANT ADORERA vous imiter quand elle vous verra taper des mains et frapper le sol du pied en pratiquant ce jeu musical fort simple.

 sur l'air de « Ah, vous dirai-je maman »

Trois petits coups

Trois petits coups dans les mains,
Et tu sauras le refrain.
Tapez trois fois dans vos mains
Tape, tape, tape dans tes mains,
Tape, tape, tape dans tes mains,
Frappe ensemble tes petites mains,
Pour bien suivre le refrain.

Trois petits coups sur le sol,
Frappe de ton pied comme une folle.
Prenez le pied de la fillette et frappez trois coups au sol
Frappe, frappe, frappe de ton pied,
Frappe, frappe, frappe de ton pied,
Prends ton pied et frappe au sol,
Frappe, frappe, frappe et fais ta folle.

Serre-moi dans tes petits bras,
Serre-moi fort, serre-moi comme ça,
Étreignez-vous

Serre-moi dans tes petits bras,
Serre-moi fort, serre-moi comme ça
Prends tes petits bras et serre,
Serre ton papa et ta mère.

Prends ta bouche et embrasse moi,
Bécot, bécot, bécote-moi,
Avancez les lèvres
Bécot ci, bécot là,
Un bécot par ci, par là,
Un bécot c'est important,
À Papa et à Maman.

Prends ta main et fais un signe,
Pour partir, c'est la consigne,
Faites un salut de la main
Bye, bye, bye,
Bye, bye, bye.
Prends ta main et fais bye, bye,
Prends ta main et fais bye, bye.

À LEUR PROPRE RYTHME

LES BÉBÉS COMMENCENT À S'ASSEOIR à l'âge de six mois, émettent leur premier «dada» à neuf mois, commencent à ramper à sept mois et à marcher à un an. Lorsque les parents sont confrontés aux calendriers rigides de certains livres sur la puériculture, quant aux phases de développement, ils sont souvent emballés lorsque leur enfant franchit une étape avant le temps prévu et paniquent lorsqu'il accuse un peu de retard. Bien que des pédiatres aient utilisé ces calendriers comme s'ils étaient infaillibles, la plupart des praticiens actuels reconnaissent qu'il existe une gamme d'étapes de développement beaucoup plus étendue chez un enfant parfaitement sain.

Ainsi, un enfant peut commencer à se rouler par terre entre l'âge de deux et six mois. Il en va de même pour ce qui est de parler, à partir d'un an, et une étoile de football pourrait faire ses premiers pas à huit mois comme à dix-huit mois. Bien que la majorité des enfants suivent généralement la séquence de développement usuelle, certains sauteront complètement une étape et n'apprendront jamais à se promener à quatre pattes, mais commenceront plutôt à marcher dès que leur tonus musculaire et leur coordination leur permettront de le faire.

Toutes ces étapes de développement font partie d'un processus de maturation neural et musculaire complexe, influencé par des facteurs génétiques et contextuels. Ainsi, un enfant est susceptible de commencer à marcher tard si plusieurs des membres de sa famille ont commencé à marcher tard. Il arrive souvent qu'un enfant soit en retard dans une phase de son développement et en avance dans une autre. Il est possible qu'exceptionnellement, un retard dans le développement soit la conséquence de problèmes importants, mais dans la majorité des cas, il s'agit tout simplement d'enfants qui progressent à leur propre rythme. Dans son ouvrage *Your Child's Growing Mind*, la psychoéducatrice Jane Healy souligne : «un enfant légèrement en retard dans son développement est sur la même voie que les autres et si son train circule à une vitesse inférieure, il n'en atteindra pas moins la même destination».

LA PETITE ARAIGNÉE

12 MOIS ET PLUS
1

UNE CHANSON AVEC LES DOIGTS

DANS CETTE CHANSON, vous pouvez décrire les efforts de la petite araignée en faisant des gestes amusants avec les mains. En répétant la chanson et les mouvements, non seulement vous divertirez votre enfant, mais vous stimulerez également ses capacités auditives et langagières. Pour rendre l'activité plus interactive, vous pouvez faire semblant que l'araignée se promène sur le ventre de votre fillette, «faire tomber» la pluie sur ses petites épaules et lui faire croiser les bras au-dessus de sa tête pour représenter le soleil. Lorsqu'elle aura maîtrisé l'activité, essayez de chanter la chanson et de lui faire exécuter les mouvements des doigts. Un bon matin, elle vous surprendra en y allant d'un solo.

LA PETITE ARAIGNÉE

La petite araignée
Monte à la gouttière.
Remuez vos doigts vers le haut comme si l'araignée grimpait
Tiens, voilà la pluie.
L'araignée Gipsy tombe par terre.
Remuez vos doigts vers le sol pour imiter la pluie
Mais le soleil a chassé la pluie.
Formez un cercle avec vos doigts autour de votre tête
L'araignée Gipsy
Remonte à la gouttière.
Remuez vos doigts vers le haut comme si l'araignée grimpait.

✔ **Habiletés motrices fines**

✔ **Capacité d'écoute**

✔ **Stimulation tactile**

IMITER LES EFFORTS de la petite araignée contribuera non seulement à développer les capacités auditives et langagières de votre enfant, mais également ses habiletés motrices fines.

LE SENTIER DES OREILLERS

PREMIERS PAS SUR UN SENTIER COUSSINÉ

HABILETÉS

Le mouvement et l'exploration *sont d'une importance capitale pour un petit enfant et toute occasion de bouger dans un environnement captivant est accueillie avec joie. Cette activité représente également un excellent moyen pour votre enfant de développer son habileté motrice en mettant à contribution plusieurs groupes musculaires et favorise son équilibre et sa coordination, alors qu'il se voit confronté à des obstacles physiques qu'il doit surmonter.*

Équilibre	✓
Conscience de son corps	✓
Coordination œil-pied	✓
Mouvements globaux	✓

AMÉNAGEZ UN SENTIER simple et sécuritaire rempli d'obstacles en disposant des oreillers et des coussins par terre dans votre salle de séjour. Ce chemin devra former un trajet en zigzag autour de la pièce.

• Encouragez votre enfant à faire le trajet au complet en se promenant à quatre pattes ou en marchant. Ce trajet sera cahoteux et les bosses seront au rendez-vous. Au début, vous devrez tenir la main de votre enfant, même s'il marche déjà, mais une fois qu'il aura gagné en stabilité, vous pourrez lui permettre de faire quelques pas de lui-même sur les oreillers. Restez toujours près de l'enfant au cas où il tomberait et retirez ses souliers et ses bas afin d'augmenter son équilibre.

• Variez la hauteur du sentier en empilant plus ou moins d'oreillers. Vous pouvez rendre le trajet plus difficile en le faisant passer sous une table pour que l'enfant soit obligé de passer en-dessous à quatre pattes ou en disposant les oreillers pour qu'il ait à contourner un canapé, des chaises rembourrées ou des lits.

• Utilisez des coussins et des oreillers de grandeurs, de couleurs et de textures différentes afin de maintenir l'intérêt tout au long du parcours. Ne soyez pas surpris si votre petit athlète s'arrête à l'occasion pour tâter les obstacles avec ses mains ou ses pieds. Laissez-le satisfaire sa curiosité et encouragez-le gentiment à continuer.

SI VOTRE ENFANT AIME CETTE ACTIVITÉ, essayez aussi *Parachutistes en herbe*, en page 26.

IL EST SUR LA BONNE VOIE pour marcher lorsqu'il emprunte un sentier formé de coussins avec la complicité de papa.

RAPPORT DE RECHERCHE

L'écart prononcé de la période s'échelonnant entre l'âge de sept à dix-huit mois à laquelle l'enfant commence à marcher, traduit la complexité de cette action qui nous semble si facile. Ce processus permettant à un enfant d'exécuter ses premiers pas, fait appel tant à l'esprit qu'au corps et il faut un certain temps pour que les cellules nerveuses fonctionnent avec régularité et permettent un mouvement volontaire et contrôlé. Un enfant peut également développer suffisamment de tonus musculaire au niveau de ses jambes et perfectionner son sens de l'équilibre et sa coordination, des habiletés que les tout-petits acquièrent à des niveaux différents.

CHAPEAU!

SÉANCE D'ESSAI DE CHAPEAUX

HABILETÉS

Parler à votre tout-petit *des chapeaux que vous portez lui permet de connaître de nouveaux mots qui feront éventuellement partie de son vocabulaire. De plus, vous voir affublée de différents chapeaux enseigne à votre enfant, que peu importe votre allure ou votre tenue vestimentaire, vous demeurez toujours sa maman. Lorsqu'il sera un peu plus âgé, il commencera à se déguiser en utilisant des chapeaux, un jeu qui favorise le développement de la créativité.*

Développement de la notion de concept	✔
Développement du langage	✔
Habiletés sociales	✔

VOTRE BOUT DE CHOU ARBORERA UN LARGE SOURIRE en vous voyant coiffée d'une casquette de baseball à l'envers, mais il sera encore plus excité quand vous lui ferez essayer toutes sortes de chapeaux. Procurez-vous quelques chapeaux amusants dans des magasins d'aubaines ou en fouillant dans le grenier et faites-en l'essai devant un miroir, question de bien rigoler avec votre enfant. Vous tiendrez aussi une excellente occasion d'améliorer son vocabulaire en utilisant différents adjectifs pour décrire les chapeaux («Ce grand chapeau est rouge.» ou «Ces plumes sont douces».).

• Quand votre enfant approchera l'âge de deux ans, il sera capable de changer de personnalité selon les différents chapeaux qu'il se mettra sur la tête.

VOTRE ENFANT SERA EMERVEILLÉ par l'originalité de votre coiffure et sourira lorsque vous le nommerez chef des pompiers, surtout si vous imitez différents sons, tels la sirène ou un chant amérindien, selon le couvre-chef que vous aurez choisi.

DANSE ET HALTE

DU PLAISIR EN MUSIQUE AVEC DES PAUSES

FAITES JOUER UNE CASSETTE OU UN DISQUE COMPACT ou enregistrez votre propre cassette en y laissant des silences et confiez à un ami le soin de contrôler le volume pendant que vous invitez votre ballerine en herbe à faire quelques pas de danse en votre compagnie. Tenez-la dans vos bras et lorsque la musique commencera, faites des mouvements de danse exagérés en balançant l'enfant de gauche à droite et en la faisant «plonger» à l'occasion. Lorsque la musique s'arrêtera, retenez votre posture et recommencez à danser lorsque la musique reprendra. Cessez de bouger chaque fois qu'elle s'arrêtera. Les enfants les plus âgés seront capables de danser et d'arrêter sans votre aide, mais la majorité se contenteront de cesser de bouger quand vous les étreindrez.

HABILETÉS

En se baladant entre vos bras *pendant une séance de danse, votre enfant se familiarise avec le rythme musical, ce qui représente un premier pas important quant aux habiletés langagières et musicales. Lorsque vous interrompez votre mouvement, elle apprend à se maintenir en équilibre dans vos bras. En faisant jouer de la musique et en l'interrompant soudainement, vous faites plaisir à votre enfant en lui procurant une surprise et vous favorisez du même coup le développement de ses capacités d'écoute.*

✔	**Équilibre**
✔	**Capacité d'écoute**
✔	**Habiletés sociales**

CHA-CHA-CHA... bouger au rythme de la musique est un moyen infaillible de divertir votre enfant, surtout lorsque vous la surprenez en arrêtant subitement au beau milieu d'une séquence endiablée.

39

DES CLASSIQUES

CERTAINES CHANSONS résistent au passage du temps et après avoir charmé plusieurs générations, les parents et les grands-parents ont ainsi l'occasion de partager leurs chansons préférées avec de jeunes enfants. Toutefois, ces classiques peuvent être remis au goût du jour de façon surprenante et vous avez toute latitude pour modifier les paroles d'une chanson comme « Ah vous dirai-je maman » (voir page 41). N'ayez pas peur du ridicule et allez-y d'une improvisation de votre cru !

VOTRE PETIT SERA AUX ANGES si vous chantez et mimez la chanson classique «Maman les p'tits bateaux» et vous avez le choix d'y apporter toutes les variations que vous désirez.

MAMAN LES P'TITS BATEAUX

Maman les p'tits bateaux
Pointez-vous du doigt (dites «Papa les petits bateaux...» si vous êtes un papa)
Qui vont sur l'eau,
Ont-ils des jambes ?
Bougez vos doigts pout imiter le mouvement des jambes
Mais oui, mon gros bêta
S'ils en avaient pas, ils ne marcheraient pas !
Faite le signe de négation (de gauche à droite) avec votre doigt.

ALOUETTE

Alouette, gentille alouette
Alouette, je te plumerai

Je te plumerai la tête *(répétez)*
Et la tête *(répétez)*
Alouette *(répétez)*
(REFRAIN)

Je te plumerai le bec *(répétez)*
Et le bec *(répétez)*
Alouette *(répétez)*
(REFRAIN)

Je te plumerai le dos *(répétez)*
Et le dos *(répétez)*
Alouette *(répétez)*
(REFRAIN)

Je te plumerai les ailes *(répétez)*
Et les ailes *(répétez)*
Alouette *(répétez)*
(REFRAIN)

Je te plumerai les pattes *(répétez)*
Et les pattes *(répétez)*
Alouette *(répétez)*
(REFRAIN)

Je te plumerai toute entière *(répétez)*
Et le bec *(répétez)*
Et le dos *(répétez)*
Et les ailes *(répétez)*
Et les pattes *(répétez)*
Alouette *(répétez)*
(REFRAIN)

DANS UN BEAU CIEL TOUT BLEU

 sur l'air de

«Ah, vous dirai-je Maman»

Dans un beau ciel tout bleu
Levez les mains vers le ciel
Surgit un nuage ou deux.
Faire «coucou» avec les mains

Le vent s'élève, et de lui
Tombe, tombe toute la pluie,
Frottez vos mains ensemble et tremblez
Mais nous aimons bien la pluie
Qui tombe et nous rafraîchit !
Remuez les doigts en direction du sol

Le vent s'élève, et de lui
Tombe, tombe toute la pluie,
Frottez vos mains ensemble
et tremblez
Mais nous aimons bien la pluie
Qui tombe et nous rafraîchit !
Remuez les doigts en direction
du sol.

UNE PROMENADE EN AUTOBUS

TOURNÉE MUSICALE

HABILETÉS

Un air entraînant *et des gestes faciles à reproduire font de cette chanson à répondre une activité formatrice pour les tout-petits. La répétition de la chanson stimule le développement des capacités auditives de votre enfant, alors que les gestes des mains l'aident à conceptualiser le sens des mots. Quand ses habiletés motrices et sa mémoire augmenteront, il sera en mesure d'imiter la plupart des mouvements des mains et commencera même à les anticiper.*

Conscience de son corps	✔
Développement de la notion de concept	✔
Coordination	✔
Développement du langage	✔
Capacité d'écoute	✔

CETTE CHANSON est un classique du répertoire des tout-petits adapté pour la version française. Vous pouvez l'interpréter de plusieurs façons, mais il est toujours préférable que votre enfant soit assis face à vous ou sur vos genoux et qu'il regarde devant lui. S'il a pris place sur vos genoux, guidez doucement ses mains pendant la chanson.

• Commencez par lui montrer les différents mouvements à faire pendant la chanson, puis encouragez-le à participer.

• N'hésitez pas à inventer de nouveaux couplets de votre cru et les mouvements des mains correspondants, car si vous êtes inspiré et que vous vous amusez, il en ira de même pour votre enfant.

PRENEZ UN PASSAGE DE CHOIX à bord de votre autobus et montrez-lui à quel point les roues tournent rondement et les essuie-glace font «squish, squish».

**Les roues de l'autobus
Tournent en rond, tournent
en rond,**
*Faites tourner vos avant-bras vers
l'avant dans un mouvement
circulaire*

**Tournent en rond, tournent
en rond,**
*Continuez à faire tourner vos
bras*

**Tournent en rond, tournent
en rond.**
*Continuez à faire tourner vos
bras*

**Les roues de l'autobus
Tournent en rond, tournent
en rond.**
*Continuez à faire tourner vos
bras*

**Les roues de l'autobus
Tournent en rond dans toute
la ville.**
Tracez un cercle dans les airs

**Le klaxon de l'autobus fait
Bip bip, fait bip, bip,**
*Faites semblant d'appuyer sur un
klaxon avec la main*

Bip, bip, bip, bip,
*Appuyez sur le klaxon avec la
main*

Bip, bip, bip, bip,
*Appuyez sur le klaxon avec la
main*

**Le klaxon de l'autobus fait
Bip bip, fait bip, bip,**
*Faites semblant d'appuyer sur un
klaxon avec la main*

**Le klaxon de l'autobus fait
Bip, bip dans toute la ville.**
Tracez un cercle dans les airs.

Continuez la chanson avec des variantes comme celles-ci ou en y allant de vos propres improvisations:

**Les essuie-glaces
de l'autobus font
Squish, squish, squish...**
*Remuez les avant-bras de gauche
à droite*

**Le conducteur de l'autobus dit :
« Allez vers l'arrière, s'il-vous-
plaît »**
*Faites un geste avec votre pouce
par-dessus l'épaule pour indiquer
aux passagers de se diriger vers
l'arrière*

**Les lumières de l'autobus font
Cling, cling, cling...**
Ouvrez et fermez les poings

**Le bébé dans l'autobus fait
Ouin, ouin, ouin...**
*Faites un mouvement de
bercement avec vos bras*

**Les parents dans l'autobus
disent : « je t'aime...X »**
Étreignez votre enfant.

SI VOTRE ENFANT AIME CETTE ACTIVITÉ,
essayez aussi *La petite araignée*, en page 35.

C'EST L'HEURE DE L'IMPRO !

CONCERT EN DIRECT DE LA CUSINE

HABILETÉS

Une des façons pour les tout-petits *d'apprendre la notion de cause à effet consiste à émettre des sons avec divers objets. Quand un enfant frappe sur un bol, il constate qu'il est capable de produire des sons. Avec la pratique, il finira par améliorer sa coordination et sa compréhension du rythme et en s'exerçant avec les différents instruments à sa portée, il parviendra à créer une multitude de sons intéressants.*

Cause et effet	✔
Coordination	✔
Capacité d'écoute	✔
Exploration du rythme	✔

VIDEZ UNE ARMOIRE DE CUISINE (près du sol) pour votre enfant et remplissez-la de cuillères robustes en bois, de bols en métal de différentes grandeurs, de casseroles légères (les moules à gâteaux et les petites poêles à frire conviennent parfaitement), de bols à salade en bois, de couvercles en métal de différentes grandeurs et de tasses à mesurer en plastique. Plus la diversité des «instruments» sera grande, plus vous et votre enfant pourrez émettre une gamme de sons différents. Faites preuve de créativité en remplissant votre armoire. Si vous avez des instruments-jouets, ajoutez-les à la panoplie d'instruments.

• Pour les enfants un peu plus âgés, créez un orchestre qui fait des pauses. Demandez à votre enfant de «taper» sur les instruments tout en suivant son chef d'orchestre, en l'occurrence vous-même, puis faites-lui signe d'arrêter et de recommencer à nouveau.

• Encouragez votre jeune musicien à faire des expériences en frappant de différentes façons sur ses instruments, soit avec enthousiasme, douceur, lenteur ou rapidité. Démontrez-lui la différence.

• Faites jouer une de ses cassettes ou disques préférés (les morceaux très rythmés sont à conseiller) et encouragez-le à accompagner les musiciens en y allant de ses propres talents de percussionniste.

TOUT SAUF L'ÉVIER DANS LA CUISINE et celui-ci ferait sans doute l'affaire aussi, représente un instrument potentiel pour un musicien en herbe.

RAPPORT DE RECHERCHE

Le vacarme produit par votre concertiste de cuisine constitue une excellente «nourriture pour le cerveau», affirme la psycho-éducatrice Jane Healy: «les jouets qui produisent des sons et des images favorisent l'apprentissage cognitif, mais il est important que l'enfant ait une interaction avec ses jouets. Frapper deux casseroles l'une sur l'autre est beaucoup mieux... que d'appuyer sur des boutons pour produire des bruits occasionnés par des pièces électroniques internes. L'enfant devrait être capable d'établir une relation de cause à effet et de voir le jouet à l'œuvre.»

BOÎTE À SURPRISES

L'IDENTIFICATION DE VISAGES FAMILIERS

HABILETÉS

Cette activité permet *d'accroître la mémoire visuelle et les habiletés motrices fines de votre enfant. Associer un mot à sa représentation visuelle est très important et l'aide à développer les habiletés langagières dont il aura besoin lorsqu'il commencera à lire et à écrire. Au fur et à mesure que le vocabulaire de votre enfant s'enrichira, surprenez-le en glissant de nouvelles photos à l'intérieur des boîtes.*

Habiletés motrices fines	✔
Développement du langage	✔
Habiletés sociales	✔
Mémoire visuelle	✔

RASSEMBLEZ des boîtes à cigares, des boîtes à chaussures ou des boîtes provenant de boutiques de cadeaux. Découpez des photos des membres de votre famille ou des images d'objets facilement reconnaissables (articles de maison, animaux, jouets) et collez-en une à l'intérieur du couvercle de chacune des boîtes. Ouvrez les boîtes et parlez avec votre enfant des images se trouvant à l'intérieur. Quand votre enfant aura acquis plus de confiance, demandez-lui d'ouvrir les boîtes et d'identifier les images. Une fois qu'il aura maîtrisé cette activité (vers l'âge de deux ans), mettez sa mémoire à l'épreuve et demandez-lui de vous indiquer quelle boîte contient la photo de son père ou l'image d'un cheval ou d'un ballon.

DÉCOUVRIR UNE PHOTO de papa, de maman ou d'un amimal sous le couvercle d'une boîte constitue un excellent moyen de stimuler le sens de la découverte de votre enfant tout en améliorant sa mémoire visuelle.

PIEDS NUS DANS L'HERBE

12 MOIS ET PLUS
1

EXPLORATION DES TEXTURES AVEC LES ORTEILS

MÊME UN ENFANT qui a commencé à marcher depuis plusieurs mois continue encore de s'habituer aux sensations que procurent la marche. Profitez de sa curiosité en retirant ses chaussures et en l'emmenant à l'extérieur pour qu'il expérimente diverses textures comme du sable chaud, des cailloux lisses, du béton froid, de l'herbe mouillée et de la boue gluante. Lorsqu'il sera un peu plus âgé, demandez-lui ce qu'il ressent lorsqu'il marche. S'il n'est pas encore familier avec les mots appropriés, proposez-en quelques-uns : «chaud», «piquant», «doux». Si vous craignez que l'enfant se salisse trop les pieds, terminez l'activité en sautant dans une cuvette remplie d'eau tiède savonneuse.

VOTRE BAMBINE SE DÉLECTERA de la sensation de différentes textures comme celle de l'herbe douce sur la plante de ses pieds sensibles. Retirez vos chaussures et partagez le plaisir de votre trottineuse.

HABILETÉS

Marcher pieds nus *est plus facile pour une bambine que de marcher avec des chaussures, car elle peut se servir de ses pieds pour garder son équilibre. De plus, non seulement la sensation de marcher sur des surfaces inhabituelles la fera rire, mais elle aura l'occasion de se familiariser avec les propriétés associées à différentes matières et avec les mots pour les décrire.*

✔ **Conscience de son corps**

✔ **Développement du langage**

✔ **Exploration sensorielle**

✔ **Distinction tactile**

47

MAISONNETTES DE CARTON

CRÉATION D'UN UNIVERS DE JEU DE TAILLE RÉDUITE

HABILETÉS

Ramper à travers des tunnels *favorise la coordination motrice et la relation spatiale et jouer à la maison et à cache-cache avec maman ou papa aide à développer les habiletés sociales. Choisir des décorations permet aux enfants un peu plus âgés de s'habituer à parler de ce qu'ils aiment et n'aiment pas et à exprimer leurs talents artistiques.*

FAITES-LE VOUS-MÊME

Les boîtes rectangulaires font d'excellents tunnels et les boîtes carrées de coquettes maisons de ville. Décorez les maisonnettes avec du papier de bricolage et des crayons afin de les personnaliser. Assurez-vous que le «plancher» de la boîte soit bien au fond afin qu'elle ne s'effondre pas.

LE PLUS GRAND PLAISIR DES TOUT-PETITS, c'est d'essayer d'être autonome et leur plus grande frustration, de ne pas être assez grands, assez forts ou ne pas «disposer de suffisamment de liberté» pour réaliser tout ce qu'ils voudraient faire. Une ville construite au moyen de boîtes de carton permet à un jeune enfant de se sentir maître de son propre univers et ce sera pour vous un jeu d'enfant de l'édifier. Placez les boîtes bout à bout afin de créer des tunnels pour que l'enfant puisse se promener à quatre pattes et se cacher à l'intérieur. Des boîtes d'appareils ménagers ou de grandes boîtes d'emballage feront de jolies maisonnettes.

• Aménagez des portes et des fenêtres sur les côtés des boîtes pour que votre enfant puisse les ouvrir et les fermer. Jouez à des jeux de «bon voyage» et de cache-cache. En vous cherchant, il se pratiquera à devenir autonome alors que vous êtes encore tout près.

• Transformez les boîtes en centres sensoriels en y installant des morceaux de tapis de différentes textures et en laissant dans les coins des jouets musicaux et des paniers d'objets colorés à vider et à remplir.

Mouvements globaux	✔
Exploration sensorielle	✔
Habiletés sociales	✔
Stimulation tactile	✔

SI VOTRE ENFANT AIME CETTE ACTIVITÉ, essayez aussi *Jouer à la cachette*, en page 78. ▶

12 MOIS · ET PLUS

1

«Bonjour! Y a-t-il quelqu'un à la maison?»

UNE MAISONNETTE DE CARTON procure à votre enfant un univers bien à lui, et elle l'explorera en toute confiance, car elle sait que maman n'est pas loin et veille au grain.

DES LIVRES
AVEC DE BELLES IMAGES

RATS DE BIBLIOTHÈQUE EN HERBE

HABILETÉS

La lecture est un outil important *dans l'apprentissage du langage. Les tout-petits apprennent la plupart des règles de grammaire simplement en écoutant parler les autres, particulièrement vous-même. Des études récentes démontrent que l'étendue du vocabulaire d'un jeune enfant dépend du nombre de mots que celui-ci entend dans un contexte significatif. Ainsi, plus vous ferez la lecture à votre enfant, plus il développera facilement des habiletés au niveau du langage.*

Développement du langage	✔
Capacité d'écoute	✔
Distinction visuelle	✔
Mémoire visuelle	✔

S'IL EST POSSIBLE QU'IL NE PARLE PAS et ne comprenne pas tous les mots, même un tout jeune enfant aime «lire» des livres en compagnie d'un parent ou d'un grand-parent. Le rythme des mots le captive et les images lui font découvrir le monde.

• Choisissez des livres comportant des images claires d'objets familiers et pointez-les du doigt à l'enfant pendant que vous lisez. Ceci lui permettra de se familiariser avec des mots utilisés dans la vie de tous les jours comme «chaise», «maison» et «auto».

• Optez pour des livres fabriqués en tissu, en plastique ou en carton épais qui sauront mieux résister aux mâchoires de votre petit auditeur que les livres en papier. De plus, les petits livres avec couvertures capitonnées sont plus faciles à tenir pour un jeune enfant.

• Évitez les récits trop longs et les mots compliqués et abrégez plutôt l'intrigue pour vous attarder davantage à commenter les illustrations ou les photos afin de maintenir l'intérêt de votre enfant et l'aider à développer ses capacités d'observation.

Insistez sur les rimes et les mots amusants susceptibles d'éveiller son intérêt.

• N'oubliez pas que les tout-petits ne peuvent rester en place pendant de longues périodes de temps. Vous devrez donc adapter la durée de votre séance de lecture à sa capacité d'attention. Laissez-le s'amuser avec ses jouets ou errer dans ses pensées s'il le désire. En terminant la séance de lecture pendant que c'est encore amusant, votre enfant associera la lecture à une activité positive et conservera cette image toute sa vie.

MÊME UN ENFANT trop jeune pour comprendre l'intrigue se régalera des images couleurs, des rimes simples et de la cadence de la voix de sa grand-maman.

RAPPORT DE RECHERCHE

BIEN QUE LES ENSEIGNANTS *recommandent fortement aux parents de faire la lecture aux enfants d'âge scolaire, un rapport présenté par la Fondation Carnegie en 1994 révélait qu'aux États-Unis, seulement la moitié des bébés et des tout-petits profitaient de ce privilège. Pourtant, comme l'écrivait Penelope Leach dans son ouvrage: «Your baby and Child», le contact des enfants à ces outils importants d'apprentissage et de plaisir les aide à «développer un lien d'amitié avec les livres et à leur accorder une valeur». Elle recommande aux parents d'initier leurs tout-petits à divers livres d'images et de contes et de prendre le temps de parler des illustrations.*

«La lecture des images, explique Penelope Leach, est une étape préparatoire et nécessaire à la lecture du texte».

LES VERTUS DE LA RÉPÉTITION

AVEZ-VOUS L'IMPRESSION QUE VOUS ALLEZ perdre la boule si vous continuez à jouer au ballon une minute de plus avec votre bambin? En avez-vous marre de lire et relire les mêmes contes? Peut-être avez-vous l'impression que votre enfant a besoin d'une plus grande diversité au niveau des jeux et que vous devriez délaisser quelques-unes de ses activités préférées pour en explorer de nouvelles.

Bien que votre patience puisse être mise à rude épreuve, ne sous-estimez jamais les vertus de la répétition lorsqu'il est question du développement d'un enfant. Comme l'affirme la psycho-éducatrice Jane Healy dans son ouvrage intitulé *Your Child's Growing Mind*, «une activité doit être répétée plusieurs fois pour affermir les réseaux de neurones qui en permettent la maîtrise». En d'autres mots, lorsque vous racontez la même histoire à votre enfant, soir après soir, vous l'aidez à stimuler les cellules du cerveau qui permettent à votre enfant d'associer des mots aux objets qu'ils représentent. Pour ce qui est du jeu de ballon, vous remarquerez très bientôt une nette amélioration de sa coordination œil-main. Une activité aussi simple que faire rouler un ballon aide l'enfant à se préparer à réaliser des tâches plus complexes dans les années qui vont suivre, qu'il s'agisse de comprendre les nuances dans le récit *Ulysse* de James Joyce ou d'évoluer dans une ligue de baseball professionnelle.

Il faut aussi tenir compte du fait que les enfants ne se lassent pas aussi rapidement que les adultes. Comme le fait observer la neurologue Ann Barnes dans son ouvrage *The Youngest Minds*, «les comptines et les jeux simples captivent les jeunes enfants parce qu'ils deviennent familiers». La maîtrise d'une nouvelle habileté leur apporte beaucoup de confiance et leur donne même envie de se frotter à de nouveaux défis.

Ceci ne veut pas dire que les parents ne passent jamais trop de temps à jouer avec leur enfant à une activité quelconque, car même les tout-petits en ont parfois assez. Assurez-vous de toujours vérifier les réactions de votre enfant. S'il montre des signes de frustration ou d'impatience, mettez fin à l'activité, mais s'il s'amuse, laissez-le répéter l'activité aussi souvent qu'il voudra.

DES POTS REMPLIS DE PLAISIR

12 MOIS 1 ET PLUS

DÉCOUVRIR CE QUI SE CACHE À L'INTÉRIEUR DES POTS

RASSEMBLEZ QUELQUES pots de plastique transparents de grand format, munis de couvercles faciles à enlever. Placez un des jouets favoris ou une écharpe aux couleurs vives à l'intérieur de chacun des pots et fermez le couvercle, puis demandez à votre enfant de retirer le couvercle et d'en sortir le jouet ou l'écharpe. (Au début, vous devrez sans doute laisser les couvercles dévissés pour permettre à ces petits doigts encore peu agiles de retirer plus facilement le jouet ou l'écharpe). Votre trottineur sera toujours prêt à recommencer à retirer les jouets du pot. Lorsque vous remplissez les pots, assurez-vous de choisir des jouets qui comportent un diamètre supérieur à 4,5 cm, afin d'éviter les risques d'étouffement.

UN JOUET CACHÉ A L'INTÉRIEUR d'un pot suffit à persuader l'enfant de retirer le couvercle.

HABILETÉS

Apprendre à retirer *un couvercle, même s'il est déjà dévissé, contribue au développement de la coordination et des habiletés motrices fines de votre enfant. Le seul fait d'essayer de dévisser un couvercle permet d'améliorer ces habiletés. Dans une activité comme celle-là, le succès est immédiatement récompensé et vous pouvez être certain que votre petit expert en pots voudra recommencer souvent à ouvrir le couvercle.*

✔ **Habiletés motrices fines**

✔ **Développement du langage**

✔ **Habiletés sociales**

SI VOTRE ENFANT AIME CETTE ACTIVITÉ, essayez aussi *Le mystère de la céréale* en page 80. ▶

CHANSONS À ÉCOUTER
SUR DES GENOUX CONFORTABLES

S'ASSEOIR SIÈGE SUR LES GENOUX D'UN DE SES PARENTS est loin d'être une activité passive pour un bambin dynamique. Bien que vos genoux soient vus comme un refuge temporaire sûr pour votre enfant, où il peut se détendre et se faire cajoler entre deux activités, ce siège de choix est également associé à des plaisirs comme la lecture, le bercement, les sauts… ou chanter en chœur les chansons suivantes et faire semblant d'être un avion, un cheval ou même une grenouille.

LE P'TIT AVION

 sur l'air de « **Pomme de reinette** »

**C'est un p'tit avion qui vole, qui vole,
Qui vole très haut,
C'est un p'tit avion qui vole, qui vole,
Qui vole dans le ciel.**
Tenez fermement l'enfant avec vos deux mains et soulevez-le au-dessus de votre tête comme s'il était un avion.

FAITES EN SORTE QUE VOTRE TOUT-PETIT se sente en sécurité pendant qu'il plane comme un avion, en le regardant, en lui souriant et en vous amusant autant que lui.

54

NOUS N'IRONS PLUS AU BOIS

Nous n'irons plus au bois,
Les lauriers sont coupés,
La belle que voilà ira les ramasser.
Entrez dans la danse,
Voyez, comme on danse.
Sautez, dansez,
Embrassez qui vous voudrez.

*Balancez votre enfant sur vos genoux.
Tenez-le fermement et faites-le danser,
puis embrassez-le.*

À CHEVAL

À cheval, à cheval,
Sur la queue d'un orignal.
À Paris, à Paris,
Sur la queue d'une petite souris.

*Tenez votre enfant de façon sécuritaire sur
vos genoux et faites-le bondir de haut en
bas comme s'il montait un cheval.*

MON BEAU BONHOMME

 sur l'air de « Bonhomme, bonhomme »

Bonhomme, bonhomme, sais-tu rouler ?
(répétez)
Sais-tu rouler de gauche à droite ?
(répétez)
Roule à droite et roule à gauche,
Roule à gauche et roule à droite,
Bonhomme,
Tu ne sais pas comment rouler,
Mon beau bonhomme.

*Faites bondir votre enfant sur
vos genoux pendant que vous
chantez ou allongé sur le dos,
placez-le, le visage sur votre
estomac et balancez-le doucement d'un côté à l'autre.*

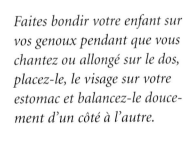

55

12 MOIS ET PLUS
1

LA CHANSON DU CANARD

UNE CHANSON QUI FAIT DES VAGUES

LA CHANSON DU CANARD

C'est la chanson du canard,
Qui en sortant de la mare,
Se secoue le bas des reins
Et fait coin, coin.
Faites comme les petits canards
Et pour que tout le monde se marre,
Remuez du popotin
En faisant coin, coin.
Faites « coin-coin » avec vos mains

À présent, claquez du bec
En secouant vos plumes avec,
Avec beaucoup plus d'entrain
Et des coins, coins, coins.
Allez, mettez-en un coup,
On s'amuse comme des fous,
Pliez les genoux et redressez-vous.
Faites semblant de lancer de l'eau

C'est la chanson du canard,
Qui en sortant de la mare,
Se secoue le bas des reins
Et fait coin, coin.
Faites comme les petits canards
Et pour que tout le monde se marre,
Remuez du popotin
En faisant coin, coin.
Faites «coin-coin» avec vos mains.

Cause et effet	✔
Développement du langage	✔
Capacité d'écoute	✔
Exploration du rythme	✔
Exploration sensorielle	✔

PARTAGEZ CETTE CHANSON avec votre enfant pendant que vous jouez dans la barboteuse ou dans le bain et servez-vous d'une famille de canards en caoutchouc comme accessoires. Vous n'aurez pas besoin de supplier bien longtemps votre enfant pour qu'il s'amuse à arroser, alors faites-en sorte d'être déjà mouillé ou prêt à l'être. Pendant le premier couplet, utilisez vos mains pour imiter un bec de canard qui fait «coin», «coin» dans l'eau. L'enfant ne se doutera pas un instant, au beau milieu des éclats de rire, que vous stimulez sa mémoire auditive et améliorez son sens du rythme.

VOTRE PETIT CANARD s'amusera follement dans l'eau en vous regardant imiter un bec de canard et en arrosant au rythme de cette chanson des plus entraînantes.

56

FAIS COMME MOI

12 MOIS · 1 · ET PLUS

SUIVEZ LE GUIDE CHANTANT!

EXPLOITEZ LES TALENTS D'IMITATION innés de votre bambin dans cet exercice endiablé. Donnez-vous le plus d'espace possible et asseyez-vous en installant votre enfant sur les genoux ou placez-vous debout, face à lui. Insistez sur le nom de chacune des parties du corps pendant que vous chantez et pointez-les avec votre index sur le corps de votre petit chanteur pendant que vous exécutez les mouvements. Si l'enfant est hésitant, aidez-le à soulever et abaisser légèrement les bras, les épaules et les jambes. Entre les répétitions de la chanson, demandez-lui d'indiquer où se trouvent ses bras et ses jambes. Une fois qu'il aura appris à vous suivre parfaitement, essayez d'ajouter quelques mouvements que vous inventerez vous-même.

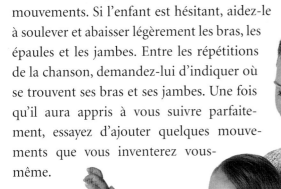

MONTREZ À VOUTRE TROTTINEUR à quel point le fait de lever ses bras pendant la chanson peut être amusant tout en lui permettant de se familiariser avec les noms des différentes parties de son corps.

sur l'air de « **Cadet Rousselle** »

FAIS COMME MOI

Bouge tes bras de bas en haut,
De bas en haut, de bas en haut,
Bouge tes bras de bas en haut,
De bas en haut, et fais comme moi.

Continuez avec différentes
parties du corps :
Bouge tes mains de haut en bas,
Bouge tes épaules de haut en bas,
Bouge tes coudes de haut en bas,
Bouge tes pieds de haut en bas,
Bouge ton corps de haut en bas.

✔ **Conscience de son corps**

✔ **Développement de la notion de concept**

✔ **Coordination**

✔ **Mouvement créatif**

✔ **Capacité d'écoute**

57

UNE ÉTOILE EST NÉE

LE PLAISIR D'ENTENDRE SA PROPRE VOIX

HABILETÉS

Comme vous l'avez sans doute remarqué, *à cette période de son développement, votre fillette est plutôt centrée sur elle-même et toutes les choses qui lui appartiennent. Tout comme un miroir la fascine parce qu'elle peut s'y voir, un enregistrement sur ruban lui permet de se délecter du son de sa voix. Cette expérience contribuera à développer ses capacités d'écoute, essentielles au développement de son langage.*

Développement du langage	✔
Capacité d'écoute	✔
Habiletés sociales	✔

VOUS AVEZ REMARQUÉ COMMENT votre bambin s'anime lorsqu'il entend la voix d'autres enfants et sa réaction quand il voit son visage dans le miroir. Imaginez maintenant le plaisir qu'il éprouvera à entendre sa propre voix! Enregistrer la voix de votre tout-petit lui donnera une toute autre idée de lui-même et procurera à toute votre famille un souvenir pour des années à venir.

• Enregistrez les sons de votre enfant alors qu'il rit des grimaces de papa, qu'il babille en jouant, parle sur son téléphone-jouet (voir drelin, drelin, en page 119) et même lorsqu'il crie de plaisir dans le bain.

• Procédez à une séance d'enregistrement lorsque vous faites la lecture à votre tout-petit afin qu'il puisse écouter votre narration et ses commentaires lorsqu'il sera plus âgé.

Vous pouvez utiliser un magnétophone sans micro externe, mais un micro séparé produit un son supérieur. Évitez d'acheter des cassettes longue durée (celles qui enregistrent 120 minutes et plus), car elles sont plus susceptibles de se briser et de s'étirer avec l'usure.

• Quand votre chanteur de charme en herbe aura atteint l'âge de 2 ou 3 ans, encouragez-le à enregistrer quelques chansons sur cassette, seul ou avec vous, s'il est timide.

SI VOTRE ENFANT AIME CETTE ACTIVITÉ, essayez aussi *Miroir, Miroir,* en page 60. ▶

UNE FOIS QUE VOTRE STARLETTE aura compris à quoi sert le microphone, elle le prendra et se mettra à parler avec enthousiasme, ce qui lui permettra de découvrir une nouvelle facette d'elle-même.

RAPPORT DE RECHERCHE

Des études récentes *démontrent que la taille du vocabulaire d'un jeune enfant dépend beaucoup de la fréquence à laquelle ses parents ou les gens qui s'en occupent lui parlent. Une chercheuse de l'Université de Chicago, Janellen Huttenlocher, a découvert que les enfants de 20 mois dont les mères parlent beaucoup ont un vocabulaire comportant environ 130 mots de plus que les enfants du même âge dont les mères sont moins volubiles. Dès l'âge de deux ans, l'enfant qui a une mère volubile, possède le double du vocabulaire d'un autre enfant. Vous aurez beau installer un enfant devant un téléviseur, cela ne lui sera d'aucune utilité, puisque l'interaction entre l'enfant et la personne qui parle et le lien avec des événements réels sont essentiels à l'assimilation des mots.*

12 MOIS · ET PLUS·

MIROIR, MIROIR

J'APPRENDS À ME CONNAÎTRE

HABILETÉS

La clé du développement de votre enfant, *c'est son sentiment d'identité personnelle (de là l'intérêt pour les notions de moi et de ce qui m'appartient et de toi et de ce qui t'appartient). Le jeu du miroir aide à développer le concept de soi, de l'individualité. Les tout-petits éprouvent également une fascination pour leur corps. Identifier les différentes parties de leur corps devant un miroir les aide à comprendre les noms des parties de leur corps et les encourage à explorer davantage leur propre identité.*

Conscience de son corps	✔
Développement du langage	✔
Concept de soi	✔
Habiletés sociales	✔
Distinction visuelle	✔

VOTRE ENFANT est sûrement fasciné par sa propre image depuis l'époque où il était un tout petit bébé. Cependant, c'est vraiment vers l'âge de 12 mois que les enfants commencent à s'amuser devant un miroir. Elle est maintenant capable de comprendre que l'image qu'elle voit est la sienne et cette compréhension de sa propre identité et de toutes les parties de son corps est pour elle d'un intérêt capital.

Asseyez-vous ou restez debout ensemble devant un miroir et prenez toutes sortes d'expressions, joyeuses, tristes ou ridicules. Si votre tout-petit est un peu plus âgé, encouragez-le à improviser et pointez du doigt ses bras, ses jambes, ses yeux, son nez et d'autres parties de son corps. Identifiez également les vôtres.

Demandez-lui qui est le bébé et qui est la maman et dans peu de temps, il sera en mesure d'indiquer la bonne personne.

OBSERVER SON REFLET dans un grand miroir renforce la conscience grandissante de votre enfant, à l'effet qu'il est une véritable personne avec des bras, des yeux et un visage heureux.

12 MOIS ET PLUS

1

SI TU AIMES LE SOLEIL

L'ENFANT-ORCHESTRE

ASSEYEZ VOTRE ENFANT sur vos genoux ou au sol, face à vous pour cette chanson qui s'accompagne d'effets sonores. Créez un rythme lent en frappant des mains contre le sol, puis en tapant dans vos mains. Encouragez votre enfant à taper des mains en même temps que vous, une fois que vous aurez commencé à chanter. Répétez les deux premières lignes de la chanson avant de passer à un nouveau mouvement et à un nouveau son. Lorsque votre tout-petit tente de contrôler son corps pour faire un bruit particulier comme taper du pied ou claquer des dents, il améliorera à la fois ses habiletés langagières et motrices.

VOUS AUREZ UN PLAISIR FOU à vous divertir l'un l'autre en produisant des sons amusants en répétant cette chanson populaire.

SI TU AIMES LE SOLEIL

Si tu aimes le soleil, frappe des mains.
Si tu aimes le soleil, frappe des mains.
Donnez un coup au sol avec les mains à plat,
puis tapez dans vos mains et recommencez
Si tu aimes le soleil,
Le printemps qui se réveille,
Si tu aimes le soleil, frappe des mains.
Continuez de frapper au sol et dans vos mains
en alternance afin de marquer un rythme
Si tu aimes le soleil, frappe des mains.
Si tu aimes le soleil, frappe des mains.
Frottez vos paumes afin de produire un son
de frottement
Si tu aimes le soleil, tape des pieds.
Si tu aimes le soleil, tape des pieds.
Frappez lourdement le sol avec vos pieds,
en marquant le rythme
Si tu aimes le soleil, tape des pieds.
Si tu aimes le soleil, tape des pieds.
Fonnez un petit coup sur vos genoux
en marquant le rythme
Si tu aimes le soleil, claque des dents.
Si tu aimes le soleil, claque des dents.
Faites claquer les dents ensemble, très légère-
ment, Continuez la chanson avec d'autres
parties du corps.

✔ **Habiletés motrices fines**

✔ **Mouvement globaux**

✔ **Capacité d'écoute**

61

DES BLOCS EN PAPIER

LE PLAISIR D'EMPILER DES GROS BLOCS

HABILETÉS

Les enfants améliorent *leurs habiletés motrices fines et leur capacité de distinguer les grandeurs et les formes en jouant avec des blocs. La plupart des enfants adorent empiler des blocs, puis, comme on s'en doute, les faire tomber. Ceci leur donne une leçon d'équilibre ainsi que de cause et d'effet. Quand votre enfant construit un petit fort ou une cave, le fait de posséder un espace bien à lui et de sa taille contribue à affirmer son sentiment d'identité, en plein essor.*

Cause et effet	✔
Habiletés motrices fines	✔
Résolution de problèmes	✔
Distinction des grandeurs et des formes	✔
Relation spatiale	✔

À CET ÂGE, ses mains sont probablement encore trop petites pour lui permettre de manipuler de lourds blocs en bois. Vous pouvez toutefois lui confectionner des blocs légers de grand format avec des sacs en papier et des cartons à lait, qui sont faciles à manipuler et dont la texture est douce.

•Pour confectionner de gros blocs, remplissez un sac d'épicerie en papier jusqu'au bord avec des journaux froissés. Pliez et collez les côtés de l'extrémité ouverte comme si vous emballiez un cadeau. Aidez votre enfant à décorer ces énormes blocs au moyen de marqueurs à l'encre délébile, de crayons, de papier d'emballage ou d'autocollants.

•Pour obtenir des blocs plus petits, rincez à fond, puis essuyez des cartons de lait vides. Ouvrez les extrémités et découpez verticalement les plis des coins pour former des rabats. Refermez les rabats avec du ruban adhésif et recouvrez les cartons de papier de bricolage de couleur ou même de papier contact avec motifs de briques (pour construire une maison de briques).

•Laissez maintenant votre entrepreneur en herbe démontrer son talent. Encouragez-le à empiler les blocs le plus haut possible ou à les utiliser pour construire un fort miniature. Un lit, une table et des draps peuvent servir de murs additionnels et de toit.

•Montrez-lui comment empiler les petits blocs par-dessus les gros afin de construire une tour de la hauteur d'un jeune enfant. Au moment de défaire les blocs, allez-y chacun votre tour en retirant un bloc à la fois et en comptant les blocs à voix haute au fur et à mesure que vous les enlevez, puis créez d'autres chefs-d'œuvre avec votre petit entrepreneur.

SI VOTRE ENFANT AIME CETTE ACTIVITÉ, essayez aussi *Maisonnettes de carton*, en page 48.

18 MOIS $1\frac{1}{2}$ ET PLUS

«Fais-nous un gratte-ciel» !

JOUER AVEC DES BLOCS EN PAPIER apprendra à votre jeune architecte comment empiler des objets et augmentera sa compréhension des notions de grandeur, de forme et d'équilibre.

LE SENS DES MESURES

COMMENT TRIER DES TASSES QUI S'EMBOÎTENT

HABILETÉS

Jouer à emboîter des objets *occupe l'esprit et les mains des tout-petits tout en leur apprenant à identifier les grandeurs, à résoudre des problèmes, («comment puis-je entrer toutes ces pièces l'une dans l'autre»?) et en améliorant sa coordination œil-main et ses habiletés motrices fines. Le rapport donnant-donnant entre le parent et l'enfant est également important, car votre enfant apprend à écouter ce qu'on lui dit et vous laisse lui montrer comment faire les choses.*

Coordination œil-main	✔
Habiletés motrices fines	✔
Résolution de problèmes	✔
Distinction des grandeurs et des formes	✔

LES TOUT-PETITS s'amusent sans fin à retirer des objets d'un contenant et à tenter de les y remettre. Augmentez le niveau de difficulté et de plaisir de cette activité en initiant votre enfant aux objets qui s'emboîtent. Ce jeu exigera de lui qu'il emboîte les articles dans un ordre spécifique.

• Vous pouvez acheter des contenants qui s'emboîtent dans des boutiques de jouets ou utiliser des cuillères à mesurer, des bols à mélanger ou des boîtes de carton de différentes grandeurs pour obtenir le même effet.

• À cet âge, certains enfants ne possèdent pas encore suffisamment de dextérité manuelle pour emboîter les objets les uns dans les autres ou les retirer. Commencez lentement avec deux ou trois tasses de dimensions très différentes et qui s'emboîtent facilement. Montrez-lui comment insérer les articles à l'intérieur des autres. Vous devrez probablement lui montrer plusieurs fois comment faire, mais il finira par être capable de vous donner un coup de main et éventuellement d'emboîter lui-même les objets.

• Une fois qu'il sera parvenu à ses fins avec quelques tasses et quelques bols, ajoutez graduellement quelques objets.

SI LE BOL FAIT... donnez à votre enfant une leçon importante sur les différences de grandeur tout en satisfaisant sa curiosité envers les articles de cuisine luisants.

18 MOIS
1½
ET PLUS

RAPPORT DE RECHERCHE

L'habileté d'un tout-petit *à séparer des tasses et des bols mélangés et à les trier en piles par ordre de grandeur ou selon les formes, signale l'éveil du raisonnement logique. Même s'il est réjouissant de voir un enfant maîtriser le concept simple, mais important de «pareil et différent», il reste encore beaucoup de chemin à faire avant de parvenir à un type de pensée spécialisée associé à des formes de raisonnement logique plus évoluées. Jonas Langer, un psychologue de l'Université de Californie à Berkeley fait remarquer que: «les capacités logiques d'un enfant progressent de façon étonnante entre les âges de quatre et huit ans. Toutefois, les enfants ne sont en mesure de comprendre des notions de symbolisme abstrait que vers l'âge de onze ans».*

METS TES MAINS DEVANT TES YEUX

UN JEU DE CACHE-CACHE CHANTÉ

CACHE TES YEUX

sur l'air de **« Il était un petit navire »**

Peux-tu cacher tes petits yeux ?
Peux-tu cacher tes petits yeux ?
Oh ! oui, tu peux,
Tu peux les cacher,
Oh ! oui, tu peux,
Tu peux les cacher tes petits yeux.
Mettez vos mains devant vos yeux

Peux-tu cacher ton petit nez ?
Peux-tu cacher ton petit nez ?
Oh ! oui, tu peux,
Tu peux le cacher,
Oh ! oui, tu peux,
Tu peux le cacher ton petit nez.
Mettez vos mains devant votre nez

Poursuivez le jeu en nommant d'autres parties du corps comme le menton, les genoux, les orteils, les coudes, les oreilles, les pieds et ainsi de suite.

CE CHANT CONJOINT fait usage d'un des jeux préférés des tout-petits, soit le jeu de cache-cache et l'applique à différentes parties du corps de votre enfant. Cet exercice lui permettra de se familiariser avec les mots correspondant aux différentes parties de son corps et de chanter en chœur avec d'autres personnes.

•Commencez à chanter en utilisant les noms les plus simples représentant des parties du corps, comme les yeux, le nez, les pieds et les orteils, puis passez à des mots moins courants comme coudes, genoux, menton et cou.

•Faites quelques erreurs volontaires de temps à autre pour vérifier s'il les remarque. Par exemple, mettez vos mains sur vos genoux lorsque vous dites: «orteils» ou mettez les mains sur ses genoux au lieu des vôtres. Ces méprises l'amuseront eaucoup.

VOTRE ENFANT JOUE à cache-cache tout en chantant lorsque vous ajoutez de nouvelles paroles à cet air connu.

Conscience de son corps	✔
Mouvement créatif	✔
Développement du langage	✔

66

18 MOIS ET PLUS $1\frac{1}{2}$

EN AVANT LES PERCUSSIONS !

EXPÉRIENCES SONORES

INITIEZ VOTRE TROTTINEUR d'une curiosité insatiable à de nouveaux sons et rythmes en lui procurant des maracas ou d'autres instruments à percussion miniatures (en vente dans la plupart des boutiques de jouets). Vous avez aussi l'option de les fabriquer en remplissant quelques bouteilles en plastique de riz, de fèves séchées ou de pièces de monnaie (fermez les couvercles avec du ruban d'emballage afin d'éviter tout risque d'accident). Commencez en remuant chaque instrument ou bouteille, puis remettez-le à l'enfant, en commentant le son unique qu'il produit. Jouez des airs familiers sur différents rythmes et encouragez-le à faire de la musique et à bouger en suivant le rythme de cette musique.

HABILETÉS

Jouer avec des instruments de musique *stimule les réflexes auditifs et développe le sens du rythme inné d'un enfant, deux éléments qui sont fondamentaux dans le développement du langage. L'identification de différents sons contribue à exercer l'oreille à reconnaître le ton et le volume et le fait de danser, de remuer des objets ou de jouer d'un instrument favorise la créativité. Si vous confectionnez vos propres maracas, procurez une stimulation tactile additionnelle à votre enfant en le laissant toucher au riz, aux fèves ou aux pièces de monnaie avant de les mettre dans les bouteilles (assurez-vous toutefois qu'il ne les mange pas).*

✔ **Mouvement créatif**

✔ **Capacité d'écoute**

✔ **Exploration du rythme**

✔ **Exploration sensorielle**

QUELQUES INSTRUMENTS FAIT À LA MAIN et une bonne chanson et votre trottineur aura tout ce qui lui faut pour concocter des rythmes endiablés.

LES ARTISTES DU SABLE

DES ARCHITECTES EN HERBE QUI N'ONT PAS PEUR DE SE SALIR

HABILETÉS

Le sable est un matériau formidable *pour laisser libre cours aux expériences artistiques d'un tout-petit, car il lui permet littéralement de se plonger des pieds à la tête dans son art, et ce en toute sécurité. Prendre le sable dans ses mains et le relâcher ainsi qu'utiliser des outils pour le manipuler, exercent les habiletés motrices fines et stimulent le sens du toucher de votre enfant.*

Expression créatrice	✔
Habiletés motrices fines	✔
Stimulation tactile	✔

LES MAÎTRES DU ZEN et les bulldozers le font et les tout-petits peuvent en faire autant. Que vous soyez à la plage ou dans un bac de sable dans une cour arrière, dessiner dans le sable est une activité absorbante, créative et divertissante. Elle joint l'utile à l'agréable en favorisant la créativité et représente une activité saine à pratiquer à l'extérieur.

• Rassemblez différents outils pour enfants, y compris des jouets pour le sable (chaudières, pelles et moules en plastique), des ustensiles de cuisine (spatules, cuillères en bois et récipients en plastique), et des outils de jardinage (arrosoirs et râteaux miniatures).

• Versez de l'eau sur le sable pour l'assouplir.

• Montrez à votre enfant comment faire des dessins avec ses petits outils. Il pourra tracer des lignes dans le sable au moyen du râteau ou faire un grand cercle en pressant une assiette à tarte sur le sable. Utilisez des contenants de yogourt vides et du sable mouillé pour fabriquer des tours et des tourelles.

• Montrez à votre tout-petit comment il est facile d'effacer ses œuvres simplement en remuant les mains dans le sable ou en lançant une chaudière remplie d'eau sur ses chefs-d'œuvre miniatures. Laissez-le défaire et recréer des structures en sable aussi souvent qu'il en aura envie.

SI VOTRE ENFANT AIME CETTE ACTIVITÉ, essayez aussi *Artiste de la nature*, en page 84.

LA MAJORITÉS DES TOUT-PETITS SONT ENCHANTÉS à l'idée de jouer dans un tas de sable. Ils s'amuseront encore davantage si vous leur montrez comment faire des dessins avec des jouets appropriés et des accessoires de cuisine.

DES PHOTOS ET DU PLAISIR

ASSOCIER DES NOMS À DES VISAGES

HABILETÉS

Votre trottineur apprend *les règles de grammaire en vous écoutant parler, mais il ne saura pas qui est son cousin Robert ou à quoi ressemble une autruche seulement en vous écoutant. il a besoin de voir une image pour associer le nom à un visage. Cette activité contribue à enrichir son vocabulaire et aussi à organiser et à partager ses souvenirs.*

FAITES-LE VOUS-MÊME

Collez des photos sur des cartes à jouer ou des fiches. Nous vous suggérons de faire laminer les cartes dans un centre de photocopie local ou dans une boutique spécialisée afin qu'elles puissent résister aux assauts des petites mains actives de votre enfant. Pour les fixer, utilisez du ruban ou de gros aimants plutôt que des punaises ou de petits aimants.

Développement du langage	✔
Distinction visuelle	✔
Mémoire visuelle	✔

VOUS AVEZ PEUT-ÊTRE L'IMPRESSION que votre enfant n'a d'autre perspective sur la vie que le moment présent : « viens ici tout de suite ; donne-le moi tout de suite, etc. ». Néanmoins, il est capable d'emmagasiner des souvenirs et de s'en rappeler depuis l'âge d'environ six mois. Il a maintenant envie d'apprendre, de mémoriser et de dire les noms des gens et des objets de son entourage. Cette activité avec fiches signalétiques représente un bon moyen d'exercer la mémoire tout en s'amusant.

• Collez des photos des membres de votre famille et d'amis sur des fiches (ceci permettra à votre enfant de les prendre plus facilement). Indiquez du doigt une personne apparaissant sur une des photos et dites son nom. En un rien de temps, votre tout-petit prononcera les noms de ces personnes avant vous.

• Collez ces photos sur un morceau de papier de bricolage et faites-les laminer afin d'obtenir un napperon «personnalisé».

Confectionnez des cartes avec des images de choses attirantes qu'il ne connaît pas encore, à partir de photos découpées dans des revues, comme un oryctérope ou cochon de terre, une girafe ou un hélicoptère. Installez ces cartes à la hauteur de l'œil (par exemple, sur le réfrigérateur) et pointez-les souvent du doigt à votre enfant.

• Associez des histoires à ces images pour que votre enfant s'en souvienne plus facilement, par exemple : «nous avons fait des biscuits avec grand-maman, t'en souviens-tu ? » ou «Robert a un gros chien chez lui, te souviens-tu de son nom ? ». Cette activité lui apprendra comment raconter des histoires pour que les gens s'y intéressent à ces histoires. De plus, ceci l'aide à se souvenir d'événements familiaux.

«Où est ton oncle Luc?»

AIDEZ VOTRE ENFANT à exercer sa mémoire en lui montrant des images de visages familiers et d'objets susceptibles d'aiguiser sa curiosité.

LA MAGIE DE LA MUSIQUE

LA PASSION DU GENRE HUMAIN pour la musique est un phénomène universel, un cadeau que les parents de toutes les cultures offrent naturellement à leur enfant. Nous chantons des berceuses aux bébés pour les endormir, nous tapons des mains avec les tout-petits à l'occasion de leur première incursion chancelante sur la piste de danse de la salle de séjour et nous nous livrons à d'interminables parties de ballon avec nos tout-petits. Il s'agit d'une bonne chose, puisque des études récentes démontrent, comme celle largement publicisée portant sur l'effet Mozart, dont il est question à la page 113, suggèrent que l'exposition à la musique comporte des effets bénéfiques allant au-delà de l'acquisition des sens de la mélodie et du rythme. Mark Tramo, un neuroscientifique de la *Harvard Medical School*, explique que les mêmes voies mentales utilisées pour traiter la musique servent aussi de canaux pour le langage, les mathématiques et le raisonnement abstrait. «Cela veut dire qu'exercer le cerveau au moyen de la musique renforce d'autres habiletés cognitives», conclut le docteur Tramo.

Le gouverneur de la Georgie (É.-U.) est tellement convaincu des vertus de la musique qu'il a entrepris d'envoyer un disque de musique classique à chacun des bébés qui naît dans l'état qu'il dirige.

Ce livre comprend des suggestions simples et amusantes pour initier votre enfant à la musique, des duos enfant-parent enregistrés sur cassette (page 58) aux activités de percussions rythmées (page 88).

Plusieurs de ces activités associent mouvements et musique, ce qui aidera votre enfant à assimiler le langage et le rythme, à développer sa coordination et à prendre davantage conscience de son corps. Complétez ces exercices en écoutant différentes sortes de musique en conduisant, en mangeant ou en faisant des activités artistiques et vous développerez encore davantage ses capacités auditives tout en élargissant ses horizons musicaux. Ne vous sentez pas obligé d'écouter de la musique classique si vous n'appréciez pas ce genre musical. Faites plutôt découvrir à votre enfant des pièces que vous aimez, car votre plaisir ne fera qu'augmenter sa réceptivité face à la valeur et à la puissance de la musique.

18 MOIS
1½
ET PLUS

L'HEURE DU TAMBOURIN

DE JOYEUX MUSICIENS À L'ŒUVRE

POUR LES OREILLES, les bras, les doigts, les orteils et à peu près toutes les autres parties du corps de votre tout-petit, le tambourin est un instrument qui fait de la belle musique. Donnez-lui un de ces petits tambours et encouragez-le à l'agiter et à lui donner de petits coups en suivant le rythme de ses chansons préférées ou pour vous accompagner si vous jouez d'un instrument. Déplacez-vous en jouant. Essayez des tambourins de différentes tailles. Quelle est la différence entre le son d'un petit et d'un gros tambourin ? Quelles sont les variations sonores lorsque vous agitez vivement le tambourin ou que vous y allez mollo ? Vous vous amuserez tous deux comme des petits fous en partant à la découverte des rythmes de l'autre.

HABILETÉS

Des instruments de musique simples *offrent aux tout-petits toute une gamme d'activités propres à stimuler et à affiner leurs sens de l'audition et du toucher. En jouant et en écoutant, l'enfant apprend à distinguer différents rythmes et types de sonorités. De plus, un tambourin sur lequel il peut taper ou qu'il peut agiter, renforce une notion qu'il a déjà découvert, soit que le monde est rempli de sons originaux et variés, qu'il est non seulement en mesure d'identifier, mais de reproduire.*

✔ **Coordination œil-main**

✔ **Capacité d'écoute**

✔ **Exploration du rythme**

✔ **Habiletés sociales**

ENTRE LE REFRAIN PUBLICITAIRE et un bruit de casserole, un jeune enfant peut apprendre une foule de choses en jouant avec un tambourin.

73

CRÉATEURS, À VOS CRAYONS !

TRAVAIL ARTISTIQUE À UNE GRANDE ÉCHELLE

HABILETÉS

Tenir et utiliser *un crayon développe les habiletés motrices fines et la coordination œil-main en plus d'habituer l'enfant à identifier les couleurs. Cependant, laisser s'exprimer le bambin en lui permettant de choisir les couleurs qu'il désire et dessiner à sa guise ajoutent des couleurs et des formes à son sentiment d'identité en plein essor. Discuter ensemble de ce que vous dessinez l'aidera à mémoriser les concepts et à développer son aptitude à communiquer.*

Développement de la notion de concept	✔
Habiletés motrices fines	✔
Habiletés sociales	✔
Mémoire visuelle	✔

MÊME À L'ÂGE TENDRE de dix-huit mois, les tout-petits sont emballés à l'idée d'utiliser un crayon et du papier. Toutefois, il peut s'avérer difficile pour eux de se fixer un objectif et de comprendre qu'un crayon ou un marqueur se doit de rester à l'intérieur des bords d'une feuille de papier. Plutôt que de le restreindre à travailler sur du papier à lettre standard, laissez votre enfant réaliser ses envolées artistiques en créant une œuvre de dimension murale.

• Libérez une grande surface et collez au sol des feuilles de papier de format affiche. Asseyez-vous à côté de votre bambin, tendez-lui des crayons ou des marqueurs à encre délébile et encouragez-le à dessiner. Au début, vous devrez peut-être lui montrer comment faire, mais une fois qu'il aura compris, il ne voudra plus s'arrêter.

• Expliquez-lui ce que vous êtes en train de dessiner. Lorsqu'il prend un crayon, dites-lui de quelle couleur il s'agit. Suggérez-lui d'utiliser différentes couleurs et félicitez-le, peu importe à quoi ressemble son œuvre.

• Si votre enfant est un peu plus âgé, demandez-lui de décrire ce qu'il dessine. Ainsi, s'il trace un cercle, dites-lui qu'il s'agit d'un cercle et que c'est rond comme un ballon. Même si vous avez envie de l'aider en faisant un cercle parfait, laissez-le plutôt expérimenter et ce qui semble être pour vous du gribouillage est une grande œuvre pour votre petit Picasso.

SI VOTRE ENFANT AIME CETTE ACTIVITÉ, essayez aussi *Jouer avec de la glaise*, en page 138

DES CRAYONS ET DES
MARQUEURS SURDIMENSIONNÉS
sont plus faciles à tenir pour les
doigts potelés de votre génie en
herbe. Observez-le à l'ouvrage et
voyez s'il a déjà une couleur
préférée.

75

TON COMPTE EST BON

VOTRE TOUT-PETIT est toujours content de sauter sur vos genoux et de vous entendre chanter, mais les chansons pendant lesquelles il faut compter ajoutent une touche à la fois amusante et éducative. Non seulement votre enfant aura du plaisir à vous écouter chanter, mais il commencera à reconnaître les chiffres. Comme la répétition renforce l'apprentissage, nous vous suggérons de recommencer la chanson à quelques reprises.

CINQ PETITES GOUTTES DE PLUIE

Les gouttes de pluie tombent sur moi.
Remuez les doigts d'une de vos mains vers le bas
Et une petite goutte qui passait par là,
Murmura tout bas :
Comme le ciel est bas, le tonnerre est là.
Levez un doigt et couvrez vos oreilles
Une deuxième goutte ajouta :
Oh, la, la, ce soir il fait vraiment très froid,

COMPTER LES GOUTTES DE PLUIE, des chenilles et des crayons est une façon amusante d'initier votre enfant à l'univers des chiffres.

Je me colle sur toi.
Levez deux doigts, tremblez et serrez votre enfant
Une troisième goutte passait par là
Et elle dit que l'éclairage est vraiment très cela,
Ça brille aux éclats.
Levez trois doigts et couvrez vos yeux
Une quatrième goutte arrive alors toute essoufflée
Et dit : le vent s'est levé
Écoutez-le gronder
Levez quatre doigts et couvrez votre oreille avec votre main
La cinquième et dernière goutte
Portant un manteau beige
Se changea en neige
Levez cinq doigts et laissez-les retomber, puis agitez-les pour imiter la chute de neige
Les cinq gouttes se promenèrent jusqu'au dimanche
Et recouvrirent la terre de neige blanche.
Mettez vos bras devant vous par terre comme pour recouvrir le sol.

LA PETITE CHENILLE

Une petite chenille est montée
sur mon soulier
Remuez un doigt pour imiter un ver qui
monte sur un soulier
Une deuxième est venue s'y poser
Et il y a deux chenilles sur mon soulier.
Montrez deux doigts
Deux petites chenilles sont montées
sur mon genou.
Remuez deux doigts sur votre genou
Une troisième est venue au rendez-vous
Et il y a trois chenilles sur mon genou.
Montrez trois doigts
Trois petites chenilles ont rampé
sur le plancher.
Faites marcher trois de vos doigts au sol
Une quatrième est arrivée
Et il y a quatre chenilles sur mon soulier.
Montrez quatre doigts
Quatre petites chenilles s'en sont allées
Faites marcher quatre de vos doigts au sol
Et reviendront nous voir en papillons
dorés
Secouez vos bras comme si vous étiez un
papillon.

MON CHEVAL DE BOIS

Un, deux, trois,
Mon cheval de bois.
Levez un doigt à chacun des chiffres
Longue crinière
Frottrez vos cheveux vers l'arrière
Queue par derrière
Imitez la queue d'un cheval
Quatre noirs sabots
Pointez le dessous de vos pieds
Remets tous les crayons dans la boîte
Faites semblant de replacer les crayons
dans la boîte.
Un, deux, trois,
Mon cheval de bois.
Levez un doigt à chacun des chiffres.

«OÙ EST PAPA ? Oh, le voilà!» Une partie de cache-cache endiablée stimule la curiosité de votre tout-petit tout en apaisant son anxiété face à la séparation.

78

JOUER À LA CACHETTE

18 MOIS
1½
ET PLUS

SUIVEZ LA VOIX

ILS COMMENCENT EN CRIANT COUCOU lorsqu'ils ne sont encore que des bébés, puis quand ils sont plus grands, vous font sursauter en criant «Bou!». Entre ces deux étapes de l'évolution de votre enfant, voici un jeu de cache-cache qui convient parfaitement à un tout-petit.

• Profitez d'un moment d'inattention de votre enfant pour vous cacher derrière un arbre, une chaise ou un mur, puis interpellez le petit : «Je suis caché, essaie de me trouver!». Pendant qu'il cherche, faites-en sorte qu'il se rapproche de vous en se dirigeant vers l'endroit d'où provient votre voix. Il sera bientôt capable de suivre le son de votre voix, puis de découvrir votre main, votre jambe, votre épaule et finalement votre cher visage. Félicitez-le en le serrant dans vos bras, puis recommencez à jouer.

• Apprenez-lui à se cacher pour que vous le cherchiez à votre tour. Il sera surtout porté à cacher sa tête et oubliera que vous pouvez voir ses jambes dépasser derrière le lit ou ses doigts agrippés à la couverture. Faites semblant de ne pas le voir et d'être très embarrassé, puis d'être très surpris lorsque vous finirez par le trouver.

HABILETÉS

Suivre la direction *du son, comme par exemple, la voix de papa, enseigne aux enfants à écouter attentivement. Une fois que votre petit aura compris que la partie de votre corps qui dépasse, qu'il s'agisse de votre épaule ou de vos pieds, est rattachée au reste de votre corps, sa mémoire visuelle s'en trouvera renforcée.*

✔ Développement de la notion de concept

✔ Capacité d'écoute

✔ Habilités sociales

✔ Distinction visuelle

✔ Mémoire visuelle

SI VOTRE ENFANT AIME CETTE ACTIVITÉ, essayez aussi *Des sons mystérieux*, en page 141.

18 MOIS
1½
ET PLUS

LE MYSTÈRE DE LA CÉRÉALE

EN QUÊTE DU CONTENU

HABILETÉS

Cette activité d'une simplicité désarmante *permet à votre enfant de développer des techniques pour résoudre les problèmes et le familiarise avec des concepts comme «à l'intérieur et à l'extérieur» et le principe des causes et des effets. Une fois que votre enfant sera parvenu à maîtriser l'activité décrite ci-dessous, passez à un niveau supérieur avec ce jeu mettant à l'épreuve la mémoire visuelle : prenez trois contenants de yogourt ou de margarine en plastique et cachez une céréale à l'intérieur d'un des contenants. Changez les contenants de place et demandez à votre tout-petit de trouver le contenant dans lequel se cache la céréale (voir également Les tasses magiques, en page 131).*

Cause et effet	✔
Développement de la notion de concept	✔
Habiletés motrices fines	✔
Résolution de problèmes	✔

PRENEZ UNE BOUTEILLE PROPRE et incassable munie d'une petite ouverture (un biberon en plastique ou une bouteille d'eau conviennent parfaitement) et mettez quelques céréales de la marque préférée de votre enfant à l'intérieur. Montrez la céréale à votre enfant, en laissant la bouteille ouverte, et demandez-lui de la retirer. Laissez-le trouver le moyen de sortir la céréale de lui-même, mais s'il devient trop frustré, montrez-lui comment pencher la bouteille pour faire tomber la céréale. Augmentez la complexité de l'exercice en vissant légèrement le couvercle ou en lui demandant de remettre la céréale dans le contenant. Pour affiner encore davantage ses habiletés motrices, utilisez différentes sortes de contenants munis de couvercles différents.

ET HOP... À L'ENVERS LA BOUTEILLE ! Rien ne saura motiver votre génie en herbe comme la perspective d'un bon goûter. Regardez-le aller, il vous surprendra!

POUR LA FORME

18 MOIS 1½ ET PLUS

TROUVER UNE SOLUTION

OÙ CETTE FORME VA-T-ELLE? Les tout-petits adorent les mystères. En voici un qu'ils seront en mesure de résoudre, avec un brin de complicité de votre part. Utilisez un jouet permettant de trier des formes ou découpez trois ou quatre formes simples dans la partie supérieure et les côtés de quelques boîtes de carton résistantes. (Assurez-vous que les formes soient environ de la même grandeur pour que le triangle ne puisse être inséré à l'intérieur de l'ouverture, s'il s'agit d'un cercle. Demandez à votre enfant d'insérer les formes dans les ouvertures correspondantes. Pour commencer, montrez-lui comment faire, puis laissez votre détective en herbe résoudre cette énigme visuelle à son propre rythme.

ASSOCIER DES FORMES est encore plus éducatif que la géométrie, car l'enfant y apprend à trouver des solutions à des défis de toutes sortes.

HABILETÉS

La capacité de classer *et de faire la distinction entre les grandeurs et les formes est une habileté fondamentale, qui non seulement donne aux tout-petits un aperçu du monde qui les entoure, mais les prépare à des activités auxquelles ils seront appelés à participer dans des garderies, des camps de vacances et à la préscolaire. Trier, tenir et associer des formes favorisent également le développement des habiletés motrices fines et la coordination œil-main, ce qui sera fort utile aux tout-petits lorsqu'ils s'exerceront à utiliser des cuillères et des fourchettes, manipuleront des jouets et voudront colorier. Votre enfant pourrait mettre un certain temps avant de faire la différence entre les formes, mais la plupart des enfants de cet âge aiment pratiquer ce genre d'exercice.*

✔	**Habileté à classer**
✔	**Coordination œil-main**
✔	**Habiletés motrices fines**
✔	**Distinction des formes et des grandeurs**

81

IDENTIFIER LES DIFFÉRENTES PARTIES DU CORPS

PARLONS DU CORPS

HABILETÉS

Identifier différentes parties du corps *en les nommant et en répétant les noms joue un rôle important dans le développement du langage. Non seulement votre enfant apprendra à associer votre véritable nez au mot «nez», mais il fera aussi l'expérience de toucher à un nez ou de sentir avec le sien. Les sensations physiques qu'il en retirera augmenteront la conscience qu'il a de son corps et de ses différentes parties.*

Conscience de son corps	✔
Développement de la notion de concept	✔
Développement du langage	✔
Capacité d'écoute	✔

IDENTIFIER LES DIFFÉRENTES PARTIES DU CORPS représente une première étape importante sur le plan du sentiment d'individualité de votre enfant. Cette activité simple stimule le processus de la découverte de soi, période qui survient à la fin de la première année d'existence de l'enfant et se poursuit dans la seconde. Ce jeu permet aussi d'améliorer les aptitudes verbales et la mémoire de votre enfant et lui fait également prendre encore plus conscience de son corps.

• Pour entreprendre cette activité, asseyez-vous face à votre enfant et touchez à son nez, puis prenez son doigt dans votre main et guidez-le vers votre nez. Dites «nez» à quelques reprises pendant que vous donnez un petit coup avec son doigt sur votre nez et demandez lui ensuite d'indiquer son propre nez. Poursuivez l'exercice avec d'autres parties du corps comme la tête, les bras, les jambes et les pieds. Il lui faudra peut-être un certain temps avant d'être capable de distinguer son nez et le vôtre, mais c'est tout à fait naturel. Ce jeu deviendra bientôt l'un de ses préférés, car il lui procurera un sentiment d'accomplissement.

• S'il est capable de dire les noms des parties du corps, demandez-lui de les répéter quand vous les lui indiquez. Vous pouvez aussi improviser un jeu avec mouvements en lui montrant comment secouer la tête, taper du pied, sentir avec son nez et remuer ses petits orteils.

SI VOTRE ENFANT AIME CETTE ACTIVITÉ, essayez aussi *Mets tes mains devant tes yeux*, en page 66.

ÊTRE CAPABLE DE FAIRE LA DIFFÉRENCE entre
sa bouche et celle de maman est une étape
importante pour une petite exploratrice du corps.
Une fois qu'elle aura compris cette nuance,
faites-lui remarquer combien ses mains sont
petites et les vôtres grosses.

«Regarde cette petite feuille»

INSÉRER LES TRÉSORS DU JARDIN entre deux feuilles de papier contact est une façon créative de cultiver l'amour du plein air.

84

ARTISTE DE LA NATURE

18 MOIS · 1½ · ET PLUS

RÉALISER UN COLLAGE AVEC DES ÉLÉMENTS DE LA NATURE

LES TOUT-PETITS ADORENT LE PLEIN AIR, ramasser des objets et flirter avec le monde des arts comme vous l'aurez sans doute remarqué au déjeuner, alors que votre enfant s'amusera à peindre avec ses doigts dans son assiette de gruau ou par les œuvres d'art qu'il a improvisé sur les murs. Entretenez ses passions en l'aidant à réaliser un collage avec des éléments de la nature.

• Emmenez votre petit faire un tour du jardin, au parc ou dans les bois et ramassez de petites feuilles, des fleurs, de l'herbe, des bâtonnets, des plumes et tout ce qu'il trouvera et qui éveillera son intérêt (et dont la manipulation ne présente aucun danger).

• Profitez de ces sorties pour apprendre de nouveaux mots et concepts à votre enfant en lui parlant de ce que vous trouvez («As-tu vu cette plume? C'est celle d'un geai bleu»,
«Regarde, les fleurs sont tournées vers le soleil».

• De retour à la maison, placez un morceau de papier contact transparent avec le côté collant sur le dessus, par-dessus une plaque à biscuits munie d'une bordure. Fixez les coins du papier contact à la plaque à biscuits pour empêcher le papier de coller sur vos mains.

• Aidez votre enfant à disposer ses trouvailles sur le papier contact.

• Placez un autre morceau de papier contact transparent, le côté collant en-dessous, par-dessus la première plaque à biscuits afin de conserver l'œuvre d'art de votre petit artiste.

• Installez le collage dans une fenêtre, sur le réfrigérateur ou même dans la chambre de votre enfant, afin qu'il puisse exposer fièrement sa création.

SI VOTRE ENFANT AIME CETTE ACTIVITÉ, essayez aussi *Les arbres, parlons-en*, en page 100. ▶

HABILETÉS

Laisser votre enfant choisir *ses propres objets (par exemple, une fleur rouge plutôt qu'une jaune) et les disposer comme il l'entend l'aide à identifier et à exprimer ses préférences personnelles. Parlez-lui de la nature pendant que vous vous baladez à l'extérieur et donnez-lui le goût de découvrir le monde, de l'observer et de le décrire. Le fait d'appliquer des objets sur du papier, particulièrement du papier contact adhésif, l'aidera à perfectionner ses habiletés motrices fines.*

✔ **Expression créatrice**

✔ **Coordination œil-main**

✔ **Habiletés motrices fines**

✔ **Développement du langage**

85

18 MOIS 1½ ET PLUS

L'ARROSAGE DES PLANTES

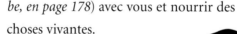

UN JEU DE PANTOMIME MUSICAL

sur l'air de **« Ah, vous dirai-je Maman »**

VOICI COMMENT ARROSER

**Voici comment arroser,
Ces belles plantes qui vont pousser.**
Mettez une main sur une hanche et penchez l'autre comme un bec incurvé
Poussez, poussez, belles plantes,*(répétez)*
**Il faut bien les arroser,
Sinon elles vont toutes sécher.
Nous arrosons bien nos plantes
Elles poussent et elles sont contentes.**
Accroupissez-vous au sol, puis relevez-vous lentement
**Elles poussent en force,
en beauté,
Elles sauront nous épater.
Il faut bien les arroser,
Sinon elles vont toutes sécher.
Nous arrosons bien nos plantes,
Elles poussent et elles sont contentes.
Quand elles poussent, elles sont si belles.
Elles grimperont jusqu'au ciel.**
Levez vos mains au ciel.

Équilibre	✔
Coordination	✔

CETTE CHANSON SUR LE JARDINAGE donnera à votre tout-petit une leçon fondamentale sur la nature, à savoir que les plantes ont besoin d'eau pour pousser! Montrez à votre enfant comment se pencher pour «verser» l'eau de la jardinière. Il s'agit d'un excellent exercice d'équilibre si vous lui faites imiter la jardinière. S'il préfère des jeux plus mouvementés, vous pouvez le soulever et le pencher au-dessus de la plante. Renforcez la leçon de jardinage en lui demandant de vous aider à arroser de véritables plantes, à l'intérieur ou à l'extérieur. Il adorera participer à ces travaux (voir *Imitateurs en herbe, en page 178*) avec vous et nourrir des choses vivantes.

EN VOUS TORTILLANT COMME UN BEC de jardinière, vous donnerez à votre horticulteur en herbe une idée de ce qui fait pousser les jardins.

SURPRISE!

DÉBALLAGE DE TRÉSORS

POUR LES TOUT-PETITS, l'emballage d'un cadeau est au moins aussi amusant que le présent lui-même. Ils adorent le papier aux couleurs vives, le bruit qu'il fait lorsqu'ils le froissent et le défi de découvrir ce qu'il y a à l'intérieur. Votre enfant aimera cette activité en tout temps si vous rassemblez quelques-uns de ses jouets favoris et que vous les emballez dans du papier de couleur (sans ruban) pendant qu'il vous observe.

Montrez-lui un paquet à la fois et demandez-lui « Qu'y-a-t-il à l'intérieur du papier ? » Laissez-le retirer l'emballage, mais donnez-lui un coup de main s'il a trop de difficulté et perd patience. Faites une boule avec le papier et passez des commentaires sur le bruit que fait le papier et la sensation que vous éprouvez.

DANS UNE SOIRÉE D'ANNIVERSAIRE, le fait de déballer un cadeau représente au moins autant de plaisir que le présent lui-même.

HABILETÉS

Déballer un objet *fait appel à la capacité de résoudre un problème et à la dextérité manuelle. Jouer avec différents motifs et textures stimule les sens visuels, tactiles et auditifs d'un enfant, particulièrement si le papier se froisse ou fait un bruit sec lorsqu'il est manipulé.*

✔ **Coordination**

✔ **Résolution de problèmes**

✔ **Exploration sensorielle**

✔ **Distinction tactile**

UNE ACTIVITÉ RYTHMÉE

S'AMUSER AU TAMBOUR

HABILETÉS

Votre enfant est né *avec un sens inné du rythme et en apprenant à tenir le rythme, particulièrement en pratiquant avec vous, elle verra comment celui-ci s'intègre à la musique, à la danse et à d'autres activités rythmiques. Jouer du tambour exerce également la coordination œil-main et apprendre à varier la cadence et le volume affine le contrôle musculaire.*

V OTRE ENFANT SAIT DÉJÀ comment faire du vacarme en cognant sur la table avec sa cuillère, en tapant dans ses mains et en frappant sur la porte lorsqu'il veut qu'elle s'ouvre. Vous pouvez canaliser ces énergies vers des sonorités plus musicales et favoriser le développement de son sens du rythme en lui montrant comment jouer du tambour.

• Achetez un tambour et un maillet (ou fabriquez-les vous-même). Asseyez-vous avec votre enfant et montrez-lui comment frapper sur le tambour avec un maillet ou avec sa main. Montrez-lui comment frapper sur le tambour, d'abord légèrement, puis lourdement.

• Variez la cadence afin qu'il se familiarise autant avec les rythmes lents que rapides. Faites-jouer de la musique entraînante et apprenez-lui à suivre le rythme de cette musique au tambour. Ne vous attendez pas à ce qu'il respecte le rythme à la perfection, car il est encore trop jeune, mais ça viendra. Balancez-vous de l'avant vers l'arrière, tapez du pied, tapez dans vos mains et remuez votre tête d'un côté à l'autre pour lui faire connaître d'autres façons de marquer le rythme ou fabriquez-vous un tambour et formez un duo d'enfer!

FAITES-LE VOUS-MÊME

Fabriquer un tambour est aussi simple que tourner une casserole ou un bol en bois à l'envers. Essayez des cuillères en métal, en plastique et en bois afin de varier les effets sonores. Servez-vous de contenants de différentes grandeurs pour produire des tons variés (plus le contenant sera petit, plus le ton sera aigu).

Cause et effet	✔
Expression créatrice	✔
Capacité d'écoute	✔
Exploration du rythme	✔

SI VOTRE ENFANT AIME CETTE ACTIVITÉ, essayez aussi *En avant les percussions!*, en page 67.

18 MOIS
1½
ET PLUS

FAITES À VOTRE PETITE JOUEUSE DE TAM-
BOUR une démonstration des différents sons
qu'elle peut obtenir, puis laissez-la battre la
mesure à son propre rythme.

«Boum, Boum, Boum, de ce tambour-là!»

UNE PARADE MINIATURE

UNE JOURNÉE DE FÊTE GRÂCE À DES JOUETS ORDINAIRES

HABILETÉS

Il s'agit vraiment du tout début *du jeu de fiction. Votre enfant fait semblant de participer à une parade et convertit mentalement ses jouets (et le parent avec qui il joue) en accessoires de parade. Marcher au son de la musique l'aidera à se familiariser avec le rythme. Cette activité lui permettra de développer un niveau de coordination supérieur en trouvant le moyen de faire parader ses chars allégoriques derrière lui.*

Expression créatrice	✔
Habiletés motrices fines	✔
Mouvements globaux	✔

TOUT LE MONDE AIME LES PARADES, mais vous n'êtes pas obligés d'attendre un jour de fête ou de circuler dans une foule pour permettre à votre fillette de participer à une parade. Nous vous suggérons plutôt d'organiser une parade miniature dans votre propre maison, en y intégrant de la musique, des célébrités (même s'il s'agit de personnages cocasses) et un maître de cérémonie. Nommez votre enfant organisatrice du défilé.

• Aidez-la à rassembler ses jouets munis de roues dans les «coulisses» (votre salle de séjour, par exemple). Reliez les jouets entre eux avec des bouts de corde pour qu'elle puisse tirer les accessoires de cette parade de fortune. Si vous avez un wagon-jouet, installez-y des jouets en peluche pour tenir le rôle de vedettes et si vous désirez ajouter une touche d'extravagance à l'événement, décorez les «chars» de banderoles et de rubans, et même de confettis, si ça vous chante !

RIEN NE SAURAIT GACHÉ le défilé personnel de votre petite puce lorsque les éléphants, les chevaux et les lions sur roues sont au rendez-vous et paradent derrière elle.

18 MOIS

1 ½

ET PLUS

• Lorsque votre fillette sera un peu plus âgée, faites jouer de la musique de fanfare entraînante et munissez-vous d'un tambour (une cuillère et un pot feront l'affaire) ou d'un faux bâton de majorette et commencez à défiler avec votre enfant dans votre sillage. Comme elle ne sera probablement pas capable de parader et de tirer ses jouets en même temps, nous vous suggérons de tirer les chars pour elle pendant qu'elle se pratique à lever les bras et à battre la mesure.

HABILETÉS

Dans le cadre d'études menées *aux États-Unis et en Angleterre, les psychologues Anthony Pellegrini et Peter K. Smith ont démontré que les enfants semblaient comprendre instinctivement l'importance du jeu et de la liberté de mouvement. Lorsque leur liberté de jouer était restreinte pendant un certain temps, «la privation faisait en sorte que les niveaux de jeu étaient plus élevés lorsque l'occasion de jouer leur était offerte à nouveau», concluaient les psychologues. En d'autres termes, lorsqu'on les laissait finalement libres de jouer à leur guise, les enfants tentaient de reprendre le temps perdu.*

SI VOTRE ENFANT AIME CETTE ACTIVITÉ, essayez aussi *C'est l'heure de l'impro!*, en page 44.

JOUER AVEC D'AUTRES MEMBRES DE LA FAMILLE

LORSQUE VOUS JOUEZ seul à seul avec un jeune enfant, il est facile de vous adapter à ses besoins et à ses désirs. Toutefois, lorsqu'un autre membre de la famille est intégré au jeu, la dynamique change du tout au tout et le parent doit faire preuve de plus d'imagination et de diplomatie.

Bon nombre de facteurs compliquent la situation. Les petits ne sont pas toujours emballés à l'idée de partager l'attention de leurs parents avec une autre personne, même s'il s'agit de leur frère ou de leur sœur pour qui ils éprouvent de l'affection. S'il y a un écart de plus de deux ans entre les enfants, il n'est pas toujours évident de trouver une activité qui sied aux deux.

De plus, les enfants sont susceptibles de s'intéresser à différents styles de jeu : un des enfants est peut-être du type tranquille et préfère jouer seul avec des blocs, alors que sa sœur est un véritable tourbillon d'énergie et adore l'aider à construire des tours avec des blocs pour les détruire ensuite avec fracas. Il est donc possible que vous vous retrouviez dans un rôle d'arbitre au lieu d'être un partenaire de jeu, au beau milieu d'une activité familiale qui risque de ressembler à un gala de lutte.

Toutefois, il existe plusieurs façons de vous assurer qu'une séance de jeu en famille se déroule en douceur. Vous devez tenir compte de l'âge et de la personnalité des enfants et trouver une activité susceptible d'amuser et de satisfaire les préférences ludiques des deux enfants. Des projets artistiques comme dessiner ou peindre sur le trottoir avec des craies plaît autant aux tout-petits qu'aux enfants d'âge scolaire. Une visite dans un terrain de jeux muni de différentes installations permet aux enfants de jouer ensemble pendant un certain temps, puis à chacun de se livrer ensuite à son activité préférée. N'oubliez pas de faire provision de jeux et d'accessoires, si possible. Assurez-vous d'avoir deux ensembles de crayons pour l'aquarelle et deux ballons aux couleurs arc-en-ciel. Cette précaution saura vous éviter bien des petites querelles. Il est également important d'accorder le même niveau d'attention aux deux enfants. Même s'il est naturel de s'occuper davantage de l'enfant le plus jeune qui pourrait avoir besoin d'aide, n'oubliez pas d'encourager l'autre enfant.

BASKET POUR DÉBUTANTS

UN DES JEUX FAVORIS DES TOUT-PETITS

RASSEMBLEZ QUELQUES ballons de grosseur moyenne et placez-les dans un grand contenant comme un panier à linge, une boîte de carton ou un bol en plastique. Montrez à votre enfant comment jeter les ballons hors du contenant, puis comment insérer les ballons un à un dans le panier. Pour commencer, votre tout-petit se contentera peut-être de mettre les ballons dans le panier et de les sortir. Lorsqu'il sera prêt, faites-le reculer et demandez-lui de lancer les ballons dans le panier. Augmentez la complexité du jeu en plaçant quelques contenants dans la pièce, puis encouragez votre athlète à choisir un contenant différent pour cible à chaque lancer.

TOUT CE DONT VOTRE JEUNE DRIBBLEUR A BESOIN pour pratiquer sa coordination œil-main et ses habiletés motrices, c'est d'un ballon et d'un panier, et bien sûr d'un entraîneur enthousiaste !

HABILETÉS

Lorsque votre enfant *se pratique à atteindre la cible, il améliore sa coordination œil-main et ses mouvements globaux. De plus, si vous comptez les ballons à voix haute lorsque votre enfant les lance dans les contenants, vous l'aiderez à se familiariser avec le monde des chiffres. Lorsque votre enfant lance le ballon dans un panier ou dans votre direction, participez en lui relançant doucement le ballon et en l'encourageant à franchir une autre étape (plus difficile) fondamentale, soit celle consistant à attraper le ballon.*

✔ **Coordination œil-main**

✔ **Mouvements globaux**

✔ **Habiletés sociales**

93

MALBROUGH S'EN VA-T-EN GUERRE

DES CHANTS ET DES GESTES

HABILETÉS

Votre tout-petit *commence à se faire une idée plus précise de lui-même face à sa relation avec l'espace. Ce jeu chanté, tout en étant amusant à pratiquer avec un parent, permet à votre enfant d'apprendre la signification de mots qui ont rapport à l'espace comme en haut, en bas, et par-dessus. Votre enfant est peut-être encore un peu trop jeune pour faire la différence entre sa droite et sa gauche, mais il saura néanmoins que ces mots font référence à autre chose que tout droit.*

Développement de la notion de concept	✔
Développement du langage	✔
Relation spatiale	✔

SI VOTRE ENFANT AIME CETTE ACTIVITÉ, essayez aussi *Tchou, tchou, voici le train, en page 98.* ▶

LA COMPRÉHENSION DES CONCEPTS d'espace et de mouvement chez les jeunes enfants se fait lentement, mais sûrement, au fil du temps. Si votre enfant aimait s'asseoir sur vos genoux pour écouter des chansons quand il était bébé, il raffolera de cette version plus évoluée qui lui enseignera quelques-unes des façons dont il peut bouger.

• Comme pour tous les jeux comportant des chansons, il est important de prononcer clairement et d'insister sur les mouvements correspondant aux paroles, car ils enseignent à votre enfant la signification des mots les plus importants. Cette façon de faire donne plus de dynamisme et d'intensité à la chanson et rend l'activité plus intéressante, tant pour l'enfant que pour vous.

• Quand votre enfant sera un peu plus âgé, il pourra chanter cette chanson debout plutôt qu'assis sur vos genoux. Essayez de marcher durant le premier couplet, puis étirez-vous et accroupissez-vous pendant le deuxième couplet. Au troisième couplet, déposez l'enfant au sol sur son dos, puis déplacez légèrement ses jambes vers la gauche, vers la droite, puis vers le haut.

CETTE CHANSON AMUSANTE, agrémentée par les mouvements dynamiques de maman, habitue votre petit soldat à s'asseoir et à se relever.

Malbrough s'en va-t-en guerre,
Mironton, mironton, mirontaine,
Malbrough s'en va-t-en guerre,
Ne sais quand reviendra.
Faites sauter l'enfant, assis dos
à vous, sur vos genoux

Il reviendra-z-à Pâques,
Mironton, mironton, mirontaine,
Il reviendra-z-à Pâques,
Ou à la Trinité.
Soulevez vos jambes avec l'enfant
sur vos genoux

La Trinité se passe,
Mironton, mironton, mirontaine,
La Trinité se passe,
Malbrough ne revient pas.
Abaissez les jambes avec l'enfant
sur vos genoux

Madame à sa tour monte,
Mironton, mironton, mirontaine,
Madame à sa tour monte,
Si haut qu'elle peut monter.
Soulevez les jambes

Elle voit venir son page,
Mironton, mironton, mirontaine,
Elle voit venir son page,
Tout de noir habillé.

Beau page, mon beau page,
Mironton, mironton, mirontaine,
Beau page, mon beau page,
Quelles nouvelles apportez ?
Laissez retomber vos jambes

Aux nouvelles que j'apporte,
Mironton, mironton, mirontaine,
Aux nouvelles que j'apporte,
Vos yeux s'illuminés.
Soulevez les jambes à moitié et
faites une pause

Portez vos habits roses,
Mironton, mironton, mirontaine,
Portez vos habits roses,
Et vos satins brodés.
Bougez vos jambes rapidement
vers le haut, puis vers le bas

Malbrough est de retour,
Mironton, mironton, mirontaine,
Malbrough est de retour,
Et très heureux de rentrer.

J'n'en dis pas davantage,
Mironton, mironton, mirontaine,
J'n'en dis pas davantage,
Car en voilà-z-assez".
Allongez-vous sur le dos
avec l'enfant par-dessus vous.

95

DU PLAISIR À PLEIN TUBE

OÙ DONC EST PASSÉE LA BALLE ?

HABILETÉS

À l'âge de dix-huit mois, *il sera captivé par les balles et les tours de magie, et ce même à répétition. Cependant, les bienfaits de cette activité vont au-delà du plaisir et du jeu. Laisser tomber des balles dans un tube, puis les attraper (ou essayer) exerce les habiletés motrices fines ainsi que la coordination œil-main. Alternez avec votre enfant en vous plaçant à tour de rôle à une des extrémités du tube, soit pour lancer soit pour attraper la balle. Cette activité développe le sens du partage. Si vous utilisez des balles de différentes tailles, votre petit s'habituera à trier les formes dans son esprit.*

Cause et effet	✔
Habiletés motrices fines	✔
Distinction des grandeurs et des formes	✔

FAITES-LE VOUS MÊME

Procurez-vous des tubes de différentes grandeurs dans une quincaillerie, un centre d'artisanat et de bricolage, une galerie d'art, une boutique spécialisée dans la photo ou au bureau de poste. N'importe quelle balle molle pouvant entrer dans le tube fera l'affaire, qu'il s'agisse de balles de tennis, de balles de racquetball ou simplement de balles en tissu, en caoutchouc souple ou en mousse.

LA BALLE EST INSÉRÉE DANS UNE EXTRÉMITÉ et ressort par l'autre. Simple comme bonjour pour des adultes, mais pour un tout-petit, c'est l'équivalent du jeu de cache-cache avec une balle et vous parviendrez à coup sûr à intriguer et à amuser votre enfant. Même lorsqu'il aura solutionné le mystère «Où est passée la balle ? Tiens, la voilà !», il voudra recommencer à jouer, encore et encore.

• Pour commencer, utilisez un grand tube en plastique ou en carton et faites provision de balles de tennis, de racquetball ou autres balles de texture molle. Insérez les balles à une extrémité du tube et inclinez-le afin qu'elles y descendent, puis demandez à votre tout-petit de les récupérer à l'autre extrémité. Répétez l'exercice à plusieurs reprises et demandez à l'enfant de venir prendre votre place à l'autre extrémité.

• Augmentez le niveau de difficulté de l'exercice en utilisant des balles de différentes grosseurs. Quelles sont celles qui entrent dans le tube? Quelles sont celles qui n'y entrent pas? Assurez-vous de choisir des balles qui comportent un diamètre d'au moins 4,5 cm afin qu'elles ne présentent aucun risque d'étouffement.

• Cette activité peut devenir un exercice de coordination si vous demandez à l'enfant d'attraper la balle quand elle tombe du tube. Restez debout pendant qu'il attend l'arrivée de la balle à l'autre extrémité du tube, puis essaie de la saisir. Plus la balle est petite, plus le défi est grand.

SI VOTRE ENFANT AIME CETTE ACTIVITÉ, essayez aussi *Basket pour débutants,* en page 93.

18 MOIS • ET PLUS $1\frac{1}{2}$

UN TUBE TRANSPARENT permet à votre enfant de regarder les balles voyager d'un bout à l'autre du tube et un tube opaque ajoutera un élément de surprise au jeu.

18 MOIS
1½
ET PLUS

TCHOU, TCHOU, VOICI LE TRAIN

UNE PROMENADE EN TRAIN DES PLUS RYTHMÉE

Asseyez-vous face à votre enfant et tenez ses mains
Tchou, tchou, voici le train,
Qui s'amène sur le rail,
Il s'avance vers nous,
Puis s'en va et fait bye, bye.
Tirez une des mains de l'enfant vers vous tout en poussant l'autre vers votre enfant et alternez
La cloche du train sonne,
Ding, ding, ding, ça résonne !
Faites sonnez une cloche imaginaire

Et voici le sifflet,
Comme celui d'un hibou,
Qui fait Hou, hou, hou.
Faites semblant de tirer une corde pour actionner le sifflet

Ce train fait beaucoup de bruit,
Mettez vos mains sur vos oreilles
Dans tous les coins du pays.

| Développemt du langage | ✔ |
| Exploration du rythme | ✔ |

LES TOUT-PETITS N'ONT pas besoin de mélodie pour sentir le rythme, car ils sont capables d'improviser des rythmes à partir d'un simple chant. Lorsque vous ajoutez des rimes et des mouvements amusants à un exercice ayant pour thème le train et un parent enthousiaste, vous avez en main une activité qui occupera toute l'attention de votre enfant et lui procurera des heures de plaisir.

• Lorsque vous chantez «Tchou, tchou, voici le train» créez un rythme pour que votre enfant puisse l'entendre et l'imiter avec son corps. Incitez-le à exécuter les mouvements. Si vous faites des mouvements exagérés, votre joyeux conducteur en herbe comprendra plus aisément la signification des mots accompagnant l'exercice.

CETTE SÉANCE DE CHANT enseigne à votre enfant comment sentir un rythme, «faire siffler le train» et bouger vers l'avant et vers l'arrière.

DES TEXTURES INVITANTES

18 MOIS 1½ ET PLUS

UN LIVRE REMPLI DE SENSATIONS

IL EST DÉJÀ DÉTERMINÉ à toucher à tout ce qu'il voit (et à fouiller à l'intérieur comme à l'extérieur), y compris une bonne cuillerée de confiture, des mouches mortes et des grains de céréales datant de plusieurs mois. Laissez-le explorer le monde avec ses mains de façon sécuritaire en lui offrant un livre qui lui procurera des sensations tactiles. Il s'agit d'un livre que vous pourrez acheter ou confectionner vous-même.

• Pour fabriquer un livre de textures, rassemblez différentes matières comme du tissu, de la toile de jute, du papier d'aluminium, du papier ciré et des films à bulles d'air. Collez un gros morceau de chacune des matières sur du carton ou du papier de bricolage et reliez les feuilles ensemble.

• Lorsque vous regardez le livre avec votre tout-petit, décrivez tous deux les différentes sensations que vous éprouvez en touchant aux textures.

HABILETÉS

Un livre de textures *permettra à votre enfant de découvrir une grande diversité de matières et contribuera à lui faire comprendre des concepts comme rude, doux, bosselé et même mou. Ce livre donnera également à votre tout-petit l'occasion d'exprimer ses préférences. Aime-t-il la sensation de rugosité de la toile de jute ou préfère-t-il celle du papier d'aluminium qui se froisse?*

✔ **Développement du langage**

✔ **Distinction visuelle**

✔ **Stimulation tactile**

LES PAGES D'UN LIVRE fabriquées avec des textures inhabituelles comme du papier de verre fin ou de la fausse fourrure permettent à votre enfant d'explorer le monde en toute sécurité, bien installé sur vos genoux.

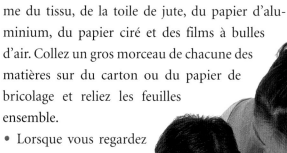

RAPPORT DE RECHERCHE

Si votre enfant *semble posséder des aptitudes particulières à différencier les feuilles d'un chêne de celles d'un érable et distingue facilement un maki d'un raton-laveur, il pourrait faire montre de ce que le psychologue renommé de Harvard, Howard Gardner, appelle «l'intelligence naturaliste». Gardner, qui avait identifié auparavant sept autres types d'intelligence (comme l'intelligence linguistique et logique/mathématique), définit l'intelligence naturaliste comme étant la capacité à reconnaître et à classer la flore et la faune. «Quelqu'un qui possède un niveau élevé d'intelligence naturaliste, «affirme le scientifique, est à l'aise avec le monde des organismes et possède un talent potentiel pour s'occuper, apprivoiser ou interagir de façon subtile avec toutes sortes de créatures vivantes».*

LES ARBRES, PARLONS-EN

18 MOIS
1½
ET PLUS

UNE PETITE PROMENADE DANS LA NATURE

QUE VOUS VIVIEZ EN milieu urbain, en banlieue ou à la campagne, votre enfant est probablement déjà attiré par tout ce qui ressemble à un arbre. Vous pouvez encourager cette affinité naturelle en passant du temps dans des espaces verts, des parcs ou des forêts et en lui faisant découvrir la beauté exceptionnelle de la botanique.

• Montrez-lui les feuilles, les troncs, les racines et les branches. Encouragez-le à explorer la rugosité du bois, la douceur des feuilles et les contours noueux des racines. Dites-lui d'écouter (le bruissement des feuilles ou les chants des oiseaux) et de sentir (les odeurs du sol fertile et l'arôme des arbres en fleurs, par exemple).

• Soyez à l'affût des créatures qui habitent les arbres, y compris les écureuils, les oiseaux et les insectes. Pointez leurs habitats du doigt, par exemple les nids d'oiseaux.

• Expliquez à votre enfant l'importance de respecter toutes les formes de vie, et même les petites créatures qui rampent. Pour l'aider à comprendre ceci, ramassez quelques petites créatures inoffensives comme des escargots ou des cloportes et montrez-lui de près à quoi elles ressemblent.

• Lorsque votre naturaliste en herbe aura atteint l'âge de deux ans, ramassez des glands, des feuilles, des cônes de pin et des morceaux d'écorce et ramenez-les à la maison pour réaliser un collage (voir *Artiste de la nature*, en page 84) ou un livre sur la nature.

• Nommez quelques-unes des sortes d'arbres les plus courants et expliquez-lui comment les identifier. (« Cet arbre à l'écorce blanche est un bouleau et celui qui a des aiguilles vertes est un pin. »)

TENIR VOTRE ENFANT DANS VOS BRAS pour qu'il ait une meilleure vue des feuilles tendres d'un arbre l'aide à comprendre et à aimer la nature.

HABILETÉS

Partir à la découverte des arbres *et des animaux qui les habitent représente une étape importante dans la compréhension de la nature sous toutes ses formes. Trouver un intérêt pour les animaux plutôt que de les craindre permet de développer le sens de la compassion et constitue une initiation au merveilleux monde des sciences naturelles.*

✔ **Développement du langage**

✔ **Exploration sensorielle**

✔ **Distinction visuelle**

SI VOTRE ENFANT AIME CETTE ACTIVITÉ, essayez aussi *Prendre soin des animaux,* en page 128.

LA MAGIE DES AIMANTS

S'AMUSER AVEC DES JOUETS QUI COLLENT

HABILETÉS

Saisir et déplacer *des aimants favorise le développement des habiletés motrices fines, celles dont votre enfant aura besoin pour dessiner, terminer un casse-tête, attacher des boutons, et éventuellement écrire. Parler de ces mystérieux aimants l'aide à apprendre à différencier les couleurs et les grandeurs et contribue à l'enrichissement de son vocabulaire. De plus, faire «disparaître» un aimant exerce sa mémoire visuelle.*

Concepts de comptage	✔
Habiletés motrices fines	✔
Distinction des grandeurs et des formes	✔
Mémoire visuelle	✔

FAITES-LE VOUS-MÊME

Fabriquez des aimants personnalisés en collant des photos de membres de votre famille sur des aimants plats et bon marché. Vous pouvez également vous servir de photos, de dessins ou d'images provenant de revues illustrant les animaux préférés de votre enfant. Les magasins d'équipement photographique vendent également des cadres aimantés.

BEAUCOUP D'ENFANTS démontrent leur dextérité manuelle en retirant des aimants collés sur la porte du réfrigérateur, puis se vantent de leur découverte. Vous aurez encore plus de plaisir en utilisant les aimants dans différents jeux faisant appel aux yeux, à la mémoire et aux doigts curieux de votre enfant.

• Rassemblez plusieurs aimants de couleur et placez-les sur une plaque à biscuits en métal (veuillez noter que les aimants n'adhèrent pas aux feuilles d'aluminium). Utilisez des aimants comportant des images d'objets que votre tout-petit apprécie, comme des animaux, des fleurs, de la nourriture, des personnages de contes, des chiffres et des véhicules. Assurez-vous d'éviter l'utilisation d'aimants dont le diamètre est inférieur à 4,5 cm, qui présentent des risques d'étouffement. L'aimant doit également être muni d'une bordure bien définie afin que votre enfant puisse le prendre facilement.

• Demandez à votre enfant de retirer les aimants de la plaque, puis de les remettre. Parlez-lui des couleurs, des grandeurs et des personnages apparaissant sur les aimants. Encouragez-le à les changer de place pour créer son propre design. S'il s'agit d'un enfant plus âgé, essayez de retirer un aimant de la plaque et demandez-lui quel aimant est manquant.

SI VOTRE ENFANT AIME CETTE ACTIVITÉ, essayez aussi *Des textures invitantes,* en page 99.

VOTRE TROTTINEUR EST ENCORE TROP JEUNE pour comprendre le phénomène d'attraction magnétique, mais le fait d'apprendre que certains objets peuvent adhérer à une plaque à biscuits constituera les tous premiers pas de votre enfant dans l'univers des sciences.

OUVRE-LES! FERME-LES!

CHANSONS ET RIMES AMUSANTES

Ouvre-les, puis ferme-les bien,
Ouvrez et fermez les poings
Ouvre-les, puis ferme-les bien,
Et tape, tape, tape dans tes mains.
Tapez trois fois dans vos mains

Ouvre-les, puis ferme-les bien,
Ouvrez et fermez les poings
Ouvre-les, puis ferme-les bien,
Et donne trois petits coups sur tes genoux.
Donnez trois petits coups sur vos genoux

Fais-les ramper, fais-les grimper,
Fais les grimper lentement,
Jusqu'à ton menton, ton, ton.
Faites marcher vos doigts de la poitrine au menton tout en chatouillant l'enfant

Ouvre bien grand ta petite bouche,
Touchez vos lèvres avec un doigt
Mais ne laisse pas tes mains, dedans.
Faites courir vos doigts jusqu'aux genoux, tout en chatouillant l'enfant.

Expression créatrice	✔
Habiletés motrices fines	✔
Développement du langage	✔

LES TOUT-PETITS AIMENT BEAUCOUP leur corps et les noms des différentes parties de leur corps. Ils adorent également les jeux où il y a des chatouillements et des surprises. Cette chanson donne à votre enfant l'occasion de montrer sa connaissance de son propre corps, et du même coup de jouer à la petite bébête qui monte et qui chatouille.

• Commencez en faisant une démonstration des mouvements accompagnant la chanson sur vous-même et voyez si votre enfant va suivre. S'il semble mêlé, faites les mouvements sur lui plutôt que sur vous jusqu'à ce qu'il soit en mesure de vous imiter.

VOTRE ENFANT aimera jouer au jeu de la petite bébête qui monte avec ses doigts, surtout si maman participe activement à l'exercice.

104

ATTRAPER UN BALLON DE PLAGE

24 MOIS • ET PLUS

2

UNE PARTIE DE BALLON CLASSIQUE

LA PLUPART DES TOUT-PETITS sont capables de lancer un ballon avant de pouvoir en attraper un. Cependant, ils aiment entourer un ballon lancé dans les airs avec leurs petits bras et avec une bonne dose de patience et de pratique, vous parviendrez à enseigner à votre enfant comment attraper un ballon. Commencez par faire rouler un ballon dans sa direction et demandez-lui de vous le retourner (voir *Lance le ballon*, en page 24). Lorsque le petit est prêt à essayer d'attraper le ballon, utilisez un ballon de plage légèrement désoufflé (ce sera plus facile pour lui de le saisir avec ses petites mains).

•Agenouillez-vous ou asseyez-vous à quelques mètres de distance et demandez-lui de vous lancer le ballon. Montrez-lui comment l'attraper, puis lancez-lui le ballon et demandez-lui de l'attraper. Une fois qu'il y sera parvenu (il faudra beaucoup de pratique), augmentez peu à peu la distance entre vous et l'enfant.

HABILETÉS

Jouer au ballon *avec un jeune enfant est un exercice de socialisation simple et amusant qui favorise le développement des mouvements globaux et la coordination œil-main. Attraper correctement le ballon exige des réflexes rapides et une conscience de la relation spatiale, ce que votre enfant pourrait prendre un certain temps à acquérir. En l'encourageant avec enthousiasme dans ses efforts, vous lui enseignerez le plaisir de participer à un jeu de façon non compétitive.*

VOTRE ENFANT comprendra plus facilement si vous lui montrez comment saisir le ballon avant de le lui lancer.

✔	**Coordination œil-main**
✔	**Mouvements globaux**
✔	**Habiletés sociales**

105

UN JEU D'ÉQUILIBRE

EXERCICE SUR UNE PLANCHE D'ÉQUILIBRE

HABILITÉS

Les planches d'équilibre, *les bûches et les murets présentent un attrait irrésistible pour un jeune enfant curieux. Pendant qu'elle s'exerce à marcher le long de la planche, elle développe son équilibre et améliore sa coordination oeil-pied, habiletés qui lui permettront de passer de la marche à la course, au saut à la corde et peut-être, éventuellement, à des prouesses en gymnastique.*

Équilibre	✔
Coordination œil-pied	✔
Relation spatiale	✔

SI VOTRE ENFANT AIME CETTE ACTIVITÉ, essayez aussi *Une activité empreinte de plaisir,* en page 125. ▶

ESSAYER DE GARDER SON ÉQUILIBRE SUR des passerelles étroites est une activité naturelle et universelle chez les jeunes enfants et vous n'aurez sans doute pas beaucoup de difficultés à intéresser votre fillette à ce jeu. Vous trouverez des planches suffisamment basses pour que l'enfant puisse y marcher en toute sécurité, dans les gymnases et les terrains de jeux. Montrez-lui comment la traverser et tenez-lui la main pendant qu'elle marche lentement sur la planche.

• Si votre enfant est hésitante, placez un jouet à l'extrémité de la planche et encouragez votre gymnaste en herbe à tenir votre main et à s'aventurer sur la planche pour aller chercher le jouet. Assurez-vous de pratiquer cet exercice d'équilibre sur une surface douce ou coussinée.

SA DÉMARCHE SERA PLUS SÛRE en peu de temps, si son entraîneur préféré est à ses côtés pour l'encourager.

SPECTACLE DE MARIONNETTES

UN SPECTACLE DU BON VIEUX TEMPS

LES ENFANTS ADORENT LES MARIONNETTES, car ce sont des jouets qui semblent prendre vie comme par enchantement. Votre enfant s'amusera ferme si vous lui présentez une comédie burlesque. Achetez quelques marionnettes à l'allure extravagante ou utilisez des crayons à pointe de feutre aux couleurs vives et dessinez un visage sur une chaussette ou un sac. Vous pouvez aussi coller des oreilles ou des cornes sur votre marionnette maison et utiliser du fil pour lui confectionner une chevelure.

• Fabriquez-vous une scène en recouvrant l'arrière d'une chaise ou une barrière de sécurité d'une couverture ou installez-vous derrière un sofa. Racontez des histoires et chantez des chansons à vos enfants en utilisant une ou deux marionnettes et prenez une voix différente pour personnifier chacune de ces marionnettes.

• Posez des questions à votre enfant et encouragez-le à converser avec les marionnettes. Demandez-lui quels sont ses aliments et ses jouets préférés ou posez-lui des questions sur son papa et sa maman. Demandez-lui d'indiquer son nez ou ses orteils à la marionnette, car les tout-petits adorent pointer du doigt les parties de leur corps.

HABILETÉS

À partir de l'âge de deux ans, *votre enfant attribuera toutes sortes de caractéristiques humaines à ses jouets, qu'il considère comme ses meilleurs amis. En faisant agir les marionnettes comme des humains, vous stimulerez son imagination et en lui racontant des histoires et en discutant avec lui, vous accélérerez la progression de son aptitude à tenir une conversation.*

✔ **Imagination**

✔ **Développement du langage**

✔ **Habiletés sociales**

UNE GROSSE GRENOUILLE BIEN DODUE et un canard à pois multicolores peuvent échanger des histoires fort amusantes avec leur petit ami humain.

PROMENADES EN TRAIN

UNE LOCOMOTIVE IMAGINAIRE

HABILETÉS

En pratiquant cette activité, *votre petit voyageur améliorera la coordination des muscles du haut de son corps et apprendra à bouger en suivant le rythme d'une chanson. Dans le rôle de passagère petit format, elle développera la coordination de tout son corps de même que son équilibre, car il n'est pas facile de rester assis sur maman tout en se tordant de rire et en remuant comme un ver. Ce jeu de rôle stimule également l'imagination.*

Coordination	✔
Mouvements globaux	✔
Imagination	✔
Habiletés sociales	✔

QUOI DE MIEUX POUR CANALISER LES ÉNERGIES fumantes de votre bambine qu'une promenade en train imaginaire? Annoncez la destination («Premier arrêt, les genoux de maman», faites semblant d'actionner le sifflet («Hou, hou!»), puis invitez-la à s'asseoir sur vos genoux. Pendant que vous chantez «Je me promène en train, tchou, tchou, avec mon chouchou sur mes genoux», faites tourner ses mains comme s'il s'agissait des roues du train ou aidez-la à siffler. Vous pouvez conduire le train à tour de rôle et arrêter un peu partout dans la maison («Prochain arrêt, ta chambre», alors que votre enfant joue le rôle de la locomotive, et vous, celui du wagon de queue.

• Faites semblant de négocier les courbes en inclinant vos corps d'un côté, puis de l'autre. Traversez des tunnels (n'oubliez pas de baisser la tête) et arrêtez de temps à autre pour laisser descendre des passagers aux différentes gares.

• Chantez une chanson ayant rapport aux trains ou celle dont les paroles sont indiquées en page 98 pendant que vous roulez ensemble autour de la maison.

• Afin que votre enfant s'intéresse aux trains et apprécie encore plus cette activité, faites-lui visiter une véritable gare ou prenez le métro et montrez à votre jeune conductrice à quoi ressemble la conduite sur des voies ferrées.

SI VOTRE ENFANT AIME CETTE ACTIVITÉ, essayez aussi *Au volant du camion d'incendie,* en page 134.

« Hou ! Hou ! Tout le monde à bord ! »

ELLE AMILIORERA ses capacités locomotrices et dépensera une bonne dose d'énergie en participant à ce jeu dynamique, bien installée sur vos genoux.

109

SACRÉ «NON»!

LA **TRANSFORMATION** de leurs petits enfants débonnaires et toujours souriants en bambins d'humeur inégale dont le mot préféré semble être non comme dans «non, je ne veux pas de banane ; non, je ne prends pas mon bain ; non je ne veux pas chanter, etc.», même si l'enfant n'a jamais tiqué auparavant, constitue l'une des surprises les plus désarmantes pour de nouveaux parents. Comme l'écrivait le docteur Benjamin Spock dans son ouvrage *Comment soigner et éduquer son enfant*, «Lorsque vous leur proposez une activité qui ne les intéresse pas, ils se sentent obligés de s'affirmer». Les psychologues ont baptisé ce comportement : «négativisme».

Tout en admettant que cet épisode de négativisme avait de quoi mettre à l'épreuve les nerfs des parents les plus patients, Spock notait également que cette étape importante représentait un signal à l'effet que les enfants sont sur la voie de l'autonomie et deviennent petit à petit des êtres humains autonomes, capables de penser et de décider par eux-mêmes.

L'une des meilleures choses à faire durant cette période consiste à rester calme, coopératif et raisonnable avec votre tout-petit. Celui-ci apprendra à réagir de la même façon que vous, mais il faut parfois beaucoup de temps pour y parvenir.

D'ici à ce qu'il acquiert une certaine maîtrise de soi, vous devrez vous attendre à des accès de colère lorsque les choses ne seront pas à son goût. Il vaut mieux ignorer sa réaction, si possible, car il s'apercevra que cette façon d'agir ne lui permet pas d'obtenir ce qu'il veut. Dans son ouvrage *Raising Good Children*, le psychologue en développement humain Thomas Lickona conseille aux parents de garder les enfants heureux et occupés, de les distraire lorsqu'ils sont agités et de leur accorder de longues périodes de jeu libre dans des endroits sécuritaires. Il recommande aussi de compter, par exemple : «Es-tu capable de t'asseoir sur cette chaise avant que je sois rendu à dix ? «Ces manœuvres peuvent sembler anodines aux adultes, mais elles sont d'une grande efficacité pour donner à un tout-petit têtu la mesure du contrôle et de la liberté qu'il désire tant.

UN PETIT TOUR DE PONEY

AU PETIT TROT DANS LA SALLE DE SÉJOUR

VOTRE PETITE FILLE EST FASCINÉE par des images de chevaux, mais éprouve une certaine crainte face au véritable animal. Proposez-lui une activité qui exercera son équilibre en lui faisant faire un tour de poney, rôle que vous incarnerez. Installez-vous à quatre pattes sur les genoux et laissez votre enfant monter sur votre dos ou sur vos épaules. Assurez-vous qu'elle se tient fermement et soyez prêt à saisir sa jambe si elle commence à glisser.

• Si vous désirez ajouter de la musique à cette activité, chantez : «À cheval» (voir *Chansons à écouter sur des genoux confortables*, en page 55, pour les paroles) ou une autre des chansons préférées de votre fillette, pendant que vous faites le tour de la pièce. Pour aider votre enfant à appendre à maintenir son équilibre, abaissez le haut de votre corps au sol, puis soulevez-le (mais pas trop haut), ou remuez d'un côté à l'autre.

HABILETÉS

Un enfant de deux ans *est capable de bien marcher, c'est certain. Toutefois, cela ne veut pas dire que son équilibre soit complètement développé. Pendant que vous vous promenez à quatre pattes dans la maison, votre enfant apprend comment trouver et conserver son centre de gravité. Elle exercera également son imagination en faisant semblant qu'elle monte un joli poney ou peut-être un coursier fougueux.*

✔	**Équilibre**
✔	**Mouvements globaux**
✔	**Imagination**

HUE PAPA ! Vous pouvez commencer à donner des leçons d'équitation à votre petite cavalière en vous transformant en poney dans votre salle de séjour.

111

DE LA TÊTE AUX PIEDS

LES PARTIES DU CORPS EN CHANSON

Touchez la partie du corps dont vous chantez le nom avec vos deux mains

**Tête, épaules, genoux, orteils,
Genoux, orteils !
Genoux, orteils !**

**Tête, épaules, genoux, orteils,
Yeux, nez, bouche, oreille.**

**Tête, épaules, genoux, orteils,
Genoux, orteils !
Genoux, orteils !**

**Tête, épaules, genoux, orteils,
Yeux, nez, bouche, oreille.**

Conscience de son corps	✔
Mouvements globaux	✔
Capacité d'écoute	✔
Exploration du rythme	✔
Mémoire visuelle	✔

VOUS VOUS SOUVENEZ peut-être d'avoir chanté cette chanson dans un camp de vacances, à l'école ou avec vos amis ou parents quand vous étiez tout-petit. C'est une chanson formidable pour aider les tout-petits à apprendre et à se souvenir des noms des différentes parties de leur corps.

• Chantez : « tête, épaules, genoux, orteils » à votre enfant et placez vos deux mains sur les parties de votre corps correspondant aux paroles de l'exercice.

• Répétez la chanson en augmentant chaque fois le rythme. Vous vous tromperez sûrement et serez légèrement essoufflés à la fin, mais ça fait partie du plaisir !

• Votre enfant a-t-il de la difficulté à suivre ? Essayez de toucher à son corps pendant que vous chantez pour l'aider à comprendre le lien entre les mots et les mouvements.

SI VOTRE ENFANT AIME CETTE ACTIVITÉ,
essayez aussi *Rondes*, en page 114.

24 MOIS • ET PLUS • **2**

TOUCHER À SES ORTEILS en suivant la musique aide votre enfant à se familiariser avec les différentes parties de son corps et à sentir le rythme.

RAPPORT DE RECHERCHE

Non seulement la musique adoucit-elle *les mœurs, mais elle semble également élever l'esprit. En 1993, le physicien Gordon Shaw et le psychologue Frances Rauscher faisaient les manchettes des journaux dans le monde entier avec un projet de recherche révélant que des collégiens qui avaient fait l'audition de la sonate pour deux pianos en ré majeur, K 448 de Mozart pendant dix minutes avant de passer un test de raisonnement abstrait-visuel ont amélioré leur résultat de huit ou neuf points. Cette découverte, ainsi que d'autres études ont impressionné les législateurs de la Floride au point où ils ont promulgué la loi 660, surnommée «Beethoven's babies law» en 1998, qui oblige les garderies qui reçoivent des fonds de l'État à exposer les enfants à trente minutes de musique classique chaque jour. Bien que «Tête, épaules, genoux et orteils» soit à cent lieues de la musicalité de Mozart, Rauscher croit que toute musique complexe (qu'il s'agisse de classique, de jazz ou de rock) est susceptible d'augmenter le développement du cerveau.*

RONDES

CES ÉTERNELLES FAVORITES constituent un excellent choix lorsque votre tout-petit a envie de bouger. Le principal avantage de cet exercice, c'est la camaraderie et le plaisir de tourner en rond, de chanter et de se tenir par la main avec papa et maman ou avec quelques bons amis.

TOUT AUTOUR

(sur l'air de Sur le pont d'Avignon)

Tout autour de la grange
On y danse, on y danse,
Tenez-vous les mains et marchez en cercle
Tout autour de la grange
On y danse, tout en rond.

Les poches pleines de bouquets,
On s'emmêle dans nos lacets.
Laissez-vous tomber par terre
Demeurez assis en cercle
Les vaches sont dans le pré,
Elles sont en train de brouter,
Faites semblant de manger
Et maintenant le tonnerre gronde,
Frappez le sol avec les mains
Allez, vite debout tout le monde !
Levez-vous rapidement

RON, RON MACARON

Ron, ron macaron.
Ma petite sœur, ma petite sœur.
Tenez-vous les mains et marchez en cercle

Ron, ron macaron.
Ma petite sœur dans la maison.
Tournez en sens inverse

Ron, ron macaron.
Mon petit frère, mon petit frère.
Tournez en sens inverse

Ron, ron macaron.
Mon petit frère qui tourne en rond.
Tournez en sens inverse

Fais ceci, fais cela.
APITCHOUM !
Tout le monde se laisse tomber par terre

RONDIN PICOTIN,

Tenez-vous les mains et marchez en cercle
La Marie a fait son pain,
Pas plus haut que son levain,
Sautez avec les bras allongés vers le ciel
Son levain était moisi,
Son pain n'a pas réussi,
Tant pis !
Tenez-vous les mains et marchez en cercle
Elle se tape dans les mains
et recommencera demain.
Tapez dans vos mains.

IL COURT, IL COURT, LE FURET

Il court, il court, le furet.
Tenez-vous les mains et courez en cercle
Un gros singe lui court après,
Le singe croyait qu'il s'amusait,
Il court et tombe, le furet !
Sautez, puis laissez-vous
tomber par terre

DEBOUT PARTERRE TOUT
AUTOUR : les rondes permettent à
votre tout-petit de bouger et de
tourner sur des airs entraînants en
tenant les mains d'autres enfants,
de façon fraternelle.

115

INITIATION À L'AQUARIUM

DU PLAISIR AVEC DES POISSONS IMAGINAIRES

HABILETÉS

Jouer avec un aquarium imaginaire *aide votre enfant à se familiariser avec les poissons et leurs habitudes étranges, c'est-à-dire, nager et ne pas respirer. L'aquarium lui permet également de mettre à profit son imagination, alors qu'il joue avec un poisson en plastique. Il s'agit aussi d'un environnement intéressant pour enrichir son vocabulaire et y intégrer des mots qui décrivent des couleurs, des formes, des grandeurs et des mouvements.*

Expression créatrice	✔
Imagination	✔
Développement du langage	✔
Exploration sensorielle	✔

LA MAJORITÉ DES ADULTES SONT FASCINÉS par l'observation de poissons nageant dans un bassin. Les tout-petits aussi aiment les regarder, mais éprouvent autant de plaisir à plonger la main à l'intérieur pour essayer d'attraper de l'eau, un poisson ou une plante. Vous pouvez satisfaire le désir de votre enfant (et préserver l'existence d'un poisson!) en l'emmenant visiter un aquarium comportant des bassins de manipulation pour les petits ou fabriquer un aquarium maison avec lequel votre enfant pourra jouer dans son propre salon.

• Pour fabriquer un aquarium à vos tout-petits, placez une mince couche de papier bleu au fond d'une boîte de rangement en plastique ou d'un panier à vaisselle et ajoutez de gros coquillages, un poisson en plastique de grande taille et de fausses plantes à aquarium. Encouragez votre enfant à explorer l'habitat aquatique en parlant de textures et de couleurs, de la façon dont les poissons nagent, glissent et se cachent. Vous pourrez remplacer le papier bleu par de l'eau lorsqu'il (et vous) sera prêt à faire une activité amusante et pour le moins humide. Procurez-lui des pelles et des filtres pour «nettoyer» l'aquarium.

• Si votre enfant éprouve un intérêt réel pour les poissons, envisagez l'installation d'un véritable aquarium avec l'aide du petit (et assurez-vous que les vrais poissons ne puissent être retirés de l'aquarium). Vous pouvez aussi lui faire visiter des animaleries où il aura l'occasion de voir toutes sortes de poissons, mais également des tortues, des grenouilles, des salamandres et des hippocampes.

UN AQUARIUM IMAGINAIRE constitue la meilleure initiation possible au merveilleux monde des aquariums. De plus, le poisson ne souffrira pas d'être manipulé et sorti de son élément naturel !

SI VOTRE ENFANT AIME CETTE ACTIVITÉ, essayez aussi *Prendre soin des animaux*, en page 128.

ÉCHARPES VOLANTES

À LA POURSUITE DU TISSU VOLANT

HABILETÉS

Un enfant de deux ans *est biologiquement porté à pratiquer des mouvements globaux de toutes sortes comme courir, donner des coups de pied, sauter et rouler. Cette activité lui procurera un nouvel objet à lancer et à attraper : une écharpe flottante en soie, aussi captivante à regarder, qu'amusante à toucher.*

Coordination œil-pied	✔
Coordination œil-main	✔
Mouvements globaux	✔

VOTRE TOUT-PETIT EST PEUT-ÊTRE PARVENU à attraper relativement bien un ballon qui roule, un couvercle de plastique qui remue ou le chat de la maison. Voilà maintenant un défi passablement différent qui mettra à l'épreuve sa coordination œil-main. Rassemblez quelques écharpes légères aux couleurs vives, chiffonnez-les dans votre main et lancez-les haut dans les airs. Demandez à votre enfant d'essayer de les attraper alors qu'ils flottent et virevoltent en direction du sol. Après quelques séances de ce jeu, laissez-le lancer quelques-unes des écharpes pendant que vous tentez de les attraper au vol à votre tour. Quand il sera un peu plus âgé, encouragez-le à tourner autour ou à taper des mains avant d'attraper les écharpes.

CUEILLIR UN ARC-EN-CIEL de couleurs dans les airs est stimulant sur le plan visuel et représente un défi amusant au niveau de la coordination physique.

DRELIN, DRELIN

S'AMUSER AVEC UN TÉLÉPHONE

LES TOUT-PETITS sont attirés vers les téléphones comme les ours vers le miel. Plutôt que d'avoir à surveiller et éloigner votre enfant de deux ans de votre téléphone sans fil programmé avec minutie, procurez-lui le sien. Vous pouvez utiliser un vieil appareil qui ne sert plus ou acheter un téléphone-jouet de fantaisie (certains sont même munis de touches qui émettent une tonalité!).

Encouragez-le à s'en servir en tenant le récepteur sur son oreille et en posant des questions simples comme : «quel est ton nom?», «que fais-tu aujourd'hui?» ou «est-ce que je peux parler à ton papa, s'il-te-plaît?».

«ALLÔ, C'EST CHRISTINE! Peux-tu venir nous voir aujourd'hui?» Un appel imaginaire à grand-papa ou à tante Mado aide votre enfant, dont la sociabilité est en éveil, à se familiariser avec l'art de la conversation et ses échanges.

HABILETÉS

Apprendre à tenir une conversation, *même si elle est imaginaire, aide votre enfant à pratiquer ses habiletés langagières et sociales en plein essor. Cette activité représente également une bonne occasion d'initier l'enfant aux règles élémentaires de politesse au téléphone : («puis-je savoir qui appelle, s'il-vous-plaît?» ou «ça va bien, et vous?» avant que votre téléphoniste en herbe ne commence à répondre au téléphone.*

✔ **Expression créatrice**

✔ **Développement du langage**

✔ **Concept de soi**

✔ **Habiletés sociales**

SI VOTRE ENFANT AIME CETTE ACTIVITÉ, essayez aussi *Dialogue avec une poupée*, en page 142.

119

EXCELLENT LANCER ! Ce n'est peut-être pas aussi amusant pour l'hippopotame lesté, mais votre petit champion sera renversé par son habileté et éprouvera un plaisir fou à abattre ces quilles !

RAPPORT DE RECHERCHE

Dans leur ouvrage *Magic Trees of the Mind*, la neuroanatomiste Marian Diamond et la journaliste scientifique Janet Hopson soulignent l'importance des exercices en relation avec l'espace comme cette partie de quilles avec des balles lestées qui contribue à accélérer le développement mental et physique de l'enfant. L'intelligence spatiale (qui comprend la capacité d'évaluer les distances et les dimensions), soulignent-elles, «constitue l'une des habiletés mentales les plus pratiques», alors que les exercices en relation avec l'espace constituent «l'une des nombreuses façons pour un enfant de s'amuser et de progresser».

120

PARTIE DE QUILLES AVEC BALLES LESTÉES

INITIATION AU LANCER

QU'IL S'AGISSE DE RETIRER sa fourchette du plateau de sa chaise haute ou de prendre un disque compact sur une tablette, votre tout-petit adore déplacer des objets et observer ce qui se produit (et bien souvent, votre réaction). Il s'agit pour les enfants de la voie naturelle pour s'initier à la notion de cause et d'effet. C'est également l'occasion de découvrir des concepts comme la gravité et la force (bien qu'ils n'aient pas besoin de connaître ces mots, du moins pas encore). Cependant, si vous désirez lui apprendre des concepts comme «la fragilité d'un objet», axez la curiosité de votre enfant envers la chute en pratiquant une activité qui se joue à deux.

• Empilez quelques bouteilles grand format, des tasses ou des canettes vides en plastique et montrez à votre enfant comment lancer un jouet lesté en direction de ces objets pour les faire tomber (ce sera plus facile s'il est en position assise).

• Changez de place avec l'enfant et lancez la balle lestée à votre tour, mais ne calculez pas les points.

Apportez une variante en utilisant des boules de différentes grosseurs ou même des pelotes de laine, en vous assurant qu'elles ne contiennent pas d'épingles. Faites asseoir votre enfant à différentes distances de la cible. Il s'apercevra bien vite qu'il faut lancer plus fort quand la distance est supérieure.

• Une fois que votre petit quilleur aura amélioré son jeu, demandez-lui de lancer les objets lestés en restant debout. Pour rendre l'activité encore plus amusante, demandez-lui de relever les quilles, qu'il aura appris à renverser dans tous les coins de la pièce !

HABILETÉS

Lancer des jouets ou des balles lestées *aide les tout-petits à développer leur coordination œil-main et contribue à renforcer leur compréhension de la notion de cause et d'effet. Cette activité permet aussi à l'enfant de s'habituer à l'alternance, une habileté avec laquelle il se familiarisera tout au long de sa petite enfance. Apprendre à changer de place avec quelqu'un d'autre lui sera d'une grande utilité au niveau de ses interactions sociales futures, dans des occasions où les enfants doivent faire preuve de partage pour bien s'entendre avec les autres.*

✓ **Équilibre**

✓ **Cause et effet**

✓ **Coordination œil-main**

✓ **Mouvements globaux**

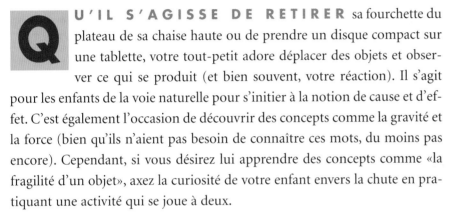

121

JEUX D'EAU

UNE ACTIVITÉ POUR LE BAIN

HABILETÉS

Les jeux avec de l'eau, *sous toutes leurs formes, offrent une occasion formidable aux parents d'exercer les sens de leurs tout-petits. Cette activité spéciale procure des stimulations sur les plans tactile, visuel et auditif, car l'enfant sent, voit et entend un filet d'eau qui se transforme en pluie. Il s'initie également à des concepts comme plein et vide et apprend que l'eau peut prendre différentes formes et dimensions.*

Développement de la notion de concept ✔

Développement du langage ✔

Exploration sensorielle ✔

Stimulation tactile ✔

VOTRE TOUT-PETIT aime une bonne averse et jouer dans le bain. Grâce à cette activité, il pourra fabriquer de la pluie dans son propre bain tout en apprenant quelque chose sur les propriétés de la nature.

Fabriquez des jouets qui produisent de la pluie en perçant les couvercles (ou les fonds) de contenants de yogourt ou utilisez un filtre, un arrosoir ou un sucrier en plastique.

• Montrez à votre tout-petit comment remplir les contenants avec de l'eau, puis à les vider. Versez l'eau dans une passoire afin de produire une averse plus abondante. Essayez de faire tomber doucement des gouttes d'eau sur sa tête et sur son corps en chantant «Toute la pluie tombe sur moi». Certains enfants glousseront de joie, alors que d'autres mettront quelques mois avant d'aimer se faire mouiller. Essayez d'embuer votre enfant avec de l'eau provenant d'un flacon pulvérisateur (il voudra essayer de vous embuer à son tour) ou montrez-lui comment se servir d'une saucière et laissez-le saisir l'eau avec ses outils de faiseur de pluie.

• Un enfant un peu plus âgé pourrait avoir envie de se mettre sous la pomme de douche. Toutefois, vous devez faire en sorte de contrôler la température de l'eau. Pour rendre cette activité encore plus agréable, sautez dans le bain avec votre enfant et laissez-le verser l'eau !

SI VOTRE ENFANT AIME CETTE ACTIVITÉ, essayez aussi *C'est l'heure du bain, mon bébé,* en page 126.

LE PLAISIR COULE RÉEL-
LEMENT À FLOT lorsque vous
donnez à votre enfant les outils nécessaires pour faire de
la pluie.

L'HEURE DU DÉGUISEMENT

JOUER À SE COSTUMER

HABILETÉS

La majorité des enfants de deux ans *ont des préférences marquées en matière de vêtements. Bon nombre d'entre eux sont déterminés à s'habiller seuls, peu importe le temps qu'ils y mettront. Cette activité leur permet de choisir leurs vêtements et le luxe de se vêtir eux-mêmes à leur guise. Les jeux de rôles servent de répétitions aux interactions sociales que l'enfant connaîtra plus tard.*

Expression créatrice	✔
Imagination	✔
Jeu de rôles	✔
Habiletés sociales	✔

UNE PRINCESSE, UN COW-BOY ou une actrice de cinéma. Les enfants aiment l'effet théâtral produit par les déguisements.

ELLE A COMMENCÉ PAR JOUER avec vos écharpes, vos chapeaux et vos tricots doux (pulls) qu'elle a d'abord appris à saisir, car elle s'est dirigée vers vos armoires dès qu'elle a été capable de se promener à quatre pattes. Faites provision d'accessoires de déguisement (les ventes de garage et les magasins d'aubaines sont d'excellents endroits pour en trouver à petits prix) et laissez votre enfant se déguiser en ce qu'il veut, qu'il s'agisse d'un objet ou d'une personne vivante. Participez à l'activité en lui demandant qui elle incarne ce jour-là et invitez quelques unes de ses amies à se joindre au bal.

24 MOIS • ET PLUS
2

UNE ACTIVITÉ EMPREINTE DE PLAISIR

SUIVEZ LES PIEDS

DEPUIS SA NAISSANCE, votre enfant est fasciné par ses propres pieds, qu'il s'agisse du goût de ses orteils ou de l'allure de ses premiers souliers. Permettez-lui de se faire une nouvelle image de ses pieds en lui montrant comment suivre ses propres traces de pas. Tracez le contour des semelles de ses souliers sur des morceaux de papier de couleur, découpez les formes des pieds et collez-les sur des carrés de carton. Disposez ces morceaux de carton sur le plancher afin de former un sentier, puis encouragez votre pionnier à placer son pied à l'intérieur de chacune des empreintes.

EN DEMANDANT À VOTRE TOUT-PETIT de suivre un sentier formé d'empreintes de couleurs, vous lui permettez d'augmenter sa coordination.

HABILETÉS

Suivre un sentier, *quel qu'il soit, exige un bon équilibre et de la coordination. Modifiez la forme du sentier ou la distance entre les carrés ou demandez à votre petit de sauter à l'intérieur et à l'extérieur du sentier afin de mettre encore plus à l'épreuve ses talents nouvellement acquis. Dites: «rouge», «bleu» et «vert» lorsqu'il marchera sur les empreintes correspondant à ces couleurs afin de l'aider à enrichir son vocabulaire.*

✔	**Équilibre**
✔	**Coordination**
✔	**Coordination œil-pied**
✔	**Mouvements globaux**

SI VOTRE ENFANT AIME CETTE ACTIVITÉ, essayez aussi *Un jeu d'équilibre,* en page 106.

C'EST L'HEURE DU BAIN, MON BÉBÉ

UNE PREMIÈRE LEÇON DE PUÉRICULTURE

HABILETÉS

Les enfants de deux ans *sont assez âgés pour jouer à faire semblant et désirent exercer un certain contrôle sur leur univers. Cette activité permettra à votre enfant de jouer à la mère avec son «propre bébé» et aussi d'être en charge, ce qui représente pour elle une excellente occasion d'exercer ses habiletés sociales et son imagination. Apprendre à tenir une poupée savonneuse et à nettoyer les parties de son petit corps favorise également le développement de ses habiletés fines motrices.*

Conscience de son corps	✔
Habiletés motrices fines	✔
Imagination	✔
Jeu de rôles	✔
Habiletés sociales	✔

VOTRE FILLETTE joue peut-être déjà à la Maman ou au Papa avec ses poupées et ses animaux en peluche en les berçant, en leur donnant à manger et en les bordant (voir *Dialogue avec une poupée,* en page 142). Elle aimera donner le bain à ses poupées, car elle aura l'occasion d'être la maman à l'heure du bain. Du même coup, elle se familiarisera avec le nettoyage du corps et inondera d'amour ses petites protégées.

• Mettez à sa disposition un bain pour poupée en remplissant une cuve ou une baignoire pour bébé, d'eau chaude savonneuse. Fournissez-lui des serviettes, des débarbouillettes, du savon et des jouets pour le bain afin de rendre l'activité plus réaliste.

• Encouragez votre enfant à tester la température de l'eau («Est-ce trop chaud pour ta poupée?» «Est-ce trop froid?») et à user de douceur en lavant la poupée. Pointez du doigt plusieurs des parties du corps de la poupée : «voici son nez et voici ses pieds». Cette énumération offre à votre petite une occasion supplémentaire d'identifier les parties de son propre corps, ce qui est une activité très prisée des enfants de cet âge.

• Faites semblant que la poupée est sale et encouragez votre fillette à la nettoyer derrière les oreilles, entre les orteils et à tous les autres endroits où elle a besoin d'être lavée.

• Lorsque la poupée sera propre, laissez l'enfant la sécher avec une serviette, puis rappelez-lui de ne pas oublier de brosser les dents de la poupée !

SI VOTRE ENFANT AIME CETTE ACTIVITÉ, essayez aussi *Identifier les différentes parties du corps,* en page 82.

FROTTI-FROTTA et la poupée dans le bain brille de propreté et de joie ! Votre maman en herbe de deux ans adorera donner un bain d'eau savonneuse à son bébé.

RAPPORT DE RECHERCHE

Il y a à peine quelques mois, votre fillette n'aurait pas été capable de participer à ce genre de jeu qui fait appel à l'imagination. Kurt Fischer, un neuroscientiste cognitif et éducateur de Harvard a fait des recherches sur la croissance crânienne, l'activité des ondes cérébrales et la densité des liens neuraux chez les enfants afin de démontrer que le cerveau est sujet à des périodes de croissance accélérée à des intervalles prévisibles. «L'une de ces périodes se produit entre l'âge de dix-huit mois et vingt-quatre mois, affirme-t-il, pendant laquelle l'enfant acquiert la capacité de représentation symbolique.» En d'autres mots, votre enfant sera capable d'imaginer qu'un objet inanimé (comme sa poupée) est un «bébé» qui a besoin d'un bon bain.

127

24 MOIS
2
ET PLUS

PRENDRE SOIN DES ANIMAUX

APPRENDRE À NOURRIR D'AUTRES CRÉATURES

HABILETÉS

Ce jeu consistant à «faire sem-blant» enseigne à votre enfant l'empathie et l'exerce à nourrir les autres. Cette activité contribue également à enrichir son vocabulaire du monde animal: les oiseaux ont des ailes, les tigres ont des pattes et un éléphant a une trompe. De plus, ce jeu permet d'expliquer à votre enfant les raisons pour lesquelles certains animaux peuvent être malades («le cheval a mangé trop de sucre et a mal au ventre. ») leur permet de mieux comprendre ces bêtes.

Développement de la notion de concept	✔
Expression créatrice	✔
Habiletés motrices fines	✔
Imagination	✔
Jeu de rôles	✔

ELLE ADORE SES ANIMAUX (les vrais et ceux en peluche) et s'intéresse aux pansements et aux notions de «bobos» et de «maladie». Cela veut dire qu'elle est tout à fait prête à ouvrir sa clinique vétérinaire à la maison. Nous sommes dans le domaine de l'imaginaire, bien sûr, mais elle adorera s'occuper de ses petits amis.

• Aidez votre fillette à rassembler ses animaux favoris en plastique et en peluche pour pratiquer cette activité. (Assurez-vous que la dimension de ces animaux est supérieure à 4,5 cm, et ne présente aucun risque d'étouffement). Procurez-lui de petites boîtes ou des casseaux de fraises afin de servir de cages ou de paniers pour transporter ses petits malades. Des essuie-tout ou de petites écharpes pourront servir de couvertures.

• Expliquez-lui comment les animaux peuvent se blesser, se faire une coupure aux pattes, avoir des insectes dans les oreilles, briser leurs ailes ou avoir mal à l'estomac.

• Aidez-la à prendre soin de ses animaux malades en nettoyant et en bandant leurs plaies, en enroulant leurs membres brisés avec un bandage de gaze et en leur offrant un endroit propre et tranquille pour dormir (en plus de leur prodiguer des caresses et de leur dire des mots affectueux). Une trousse-jouet pour médecin comprend tous les instruments nécessaires pour effectuer un examen complet de ses amis malades et les soigner.

SI VOTRE ENFANT AIME CETTE ACTIVITÉ,
essayez aussi *Place aux animaux,* en page 180.

«Le poney est-il blessé ?»

L'AIDER À JOUER au vétérinaire est une façon naturelle d'enrichir sa connaissance des créatures vivantes.

LES DIFFÉRENTS VISAGES DU JEU

BIEN QUE CE LIVRE mette l'accent sur les interactions ludiques entre le parent et l'enfant, il est également important de comprendre le comportement de jeu des tout-petits avec les autres enfants. Les enfants âgés d'un an s'amusent surtout seuls, alors qu'ils explorent un monde tout à fait nouveau. Cependant, ils éprouvent une certaine curiosité envers les autres enfants et seront souvent portés à imiter les gestes ou les bruits qu'ils font. Quand ils sont un peu plus âgés, les tout-petits se mettent à jouer de façon parallèle, c'est-à-dire que deux enfants ou plus s'amuseront avec des jouets semblables ou s'adonneront aux mêmes activités côte à côte, mais sans qu'il y ait interaction et construiront deux tours au moyen de blocs, chacun de leur côté. Vers l'âge de deux ans, comme le fait remarquer la psychologue pour enfants Penelope Leach dans son ouvrage *Your baby and Child*, «les tout-petits ont de plus en plus besoin de la compagnie d'autres enfants». La plupart adorent participer à des jeux en groupe, mais leur capacité de partager des jouets ou d'avoir des échanges amicaux est encore limitée. C'est vers l'âge de trois ans que l'enfant commencera véritablement à jouer avec les autres. Ainsi, deux jeunes enfants construiront ensemble une tour formée de blocs, mais la possibilité de disputes concernant l'utilisation de jouets préférés ou d'une rivalité pour s'attirer l'attention des adultes est toujours présente.

Ces premières séances de jeu avec d'autres enfants permettent le développement d'autres qualités comme l'empathie, le contrôle de soi, le partage, l'équité et l'estime de soi et aident l'enfant à acquérir des outils précieux qui lui permettront de composer avec différentes situations sociales. Comme l'explique le docteur Benjamin Spock dans son ouvrage *Comment soigner et éduquer son enfant,* «Par l'intermédiaire du jeu, l'enfant apprend à bien s'entendre avec d'autres enfants et adultes possédant différentes personnalités, à donner et à recevoir et à résoudre des conflits». Il s'agit de leçons précieuses que les parents peuvent encourager en donnant à l'enfant de nombreuses occasions de jouer avec d'autres petits.

LES TASSES MAGIQUES

24 MOIS ET PLUS

2

UN JEU POUR EXERCER LA MÉMOIRE

CETTE ACTIVITÉ est un peu plus compliquée que le jeu de cache-cache, mais fonctionne selon le même principe, à savoir qu'un objet est présent, puis disparaît et réapparaît comme par enchantement, mais ceci à condition que votre enfant se souvienne où l'objet se trouvait au départ ! Pour commencer le jeu, déposez trois tasses par terre et cachez un petit jouet sous une des tasses pendant que votre enfant vous observe, puis déplacez les tasses et demandez-lui sous quelle tasse le jouet est caché.

- Si vous avez déjà vu des amuseurs de rue pratiquer ce jeu, vous savez qu'il peut être mêlant, même pour des adultes. En conséquence, ne bougez pas les tasses trop rapidement, sinon elle ne sera pas capable de suivre l'itinéraire de son jouet.

HABILETÉS

Lorsque votre tout-petit *n'était qu'un bébé, il suffisait de cacher un jouet pour qu'il en oublie l'existence. Toutefois, les choses ont changé et il comprend que l'objet est toujours là, quelque part et il sera tout content de le découvrir. Ce phénomène a pour nom la permanence des objets. En lui demandant de se concentrer sur une tasse pendant que vous la déplacez, vous l'incitez à se rappeler du jouet et à aiguiser sa mémoire visuelle.*

✔ **Résolution de problèmes**

✔ **Mémoire visuelle**

SOUS QUELLE TASSE LE CANARD JAUNE SE CACHE-T-IL ? Elle s'amusera beaucoup en essayant de suivre la tasse des yeux, surtout si vous la félicitez quand elle identifie la bonne tasse.

131

BIP ! BIP !

JOUER AVEC DES CAMIONS ET DES AUTOS

HABILETÉS

S'amuser avec des autos-jouets *constitue un excellent moyen d'exercer l'imagination de votre enfant et lui donne l'occasion d'imiter un geste courant du monde des adultes, soit conduire une auto. (Ne vous inquiétez pas, il trouvera l'activité intéressante !). Ceci l'aidera également à développer des habiletés motrices fines comme pousser et tirer et lui enseignera à distinguer les bruits dans la vie de tous les jours.*

Expression créatrice	✔
Habiletés motrices fines	✔
Imagination	✔
Développement du langage	✔

LA PLUPART DES ENFANTS DE DEUX ANS sont fascinés par toutes les sortes de véhicules, à partir de leur propre poussette jusqu'aux autos, camions et autobus qui circulent dans la rue et aux trains qu'ils voient dans les livres d'images. Ils sont particulièrement emballés à l'idée d'observer des trains et des autos entrer dans des tunnels et traverser des ponts. Entretenez leur émerveillement (et faites en sorte qu'ils aient l'impression d'être au volant d'un de ces trucs que conduisent les grands) en leur donnant l'occasion de s'amuser avec des camions, des autos-jouets et des tunnels.

• Choisissez un véhicule-jouet de couleur vive de grande dimension plutôt qu'un petit, afin qu'il puisse le contrôler plus facilement et montrez-lui comment pousser le camion sur le plancher. Enseignez-lui tous les bruits que font ces véhicules, y compris le « bip-bip » du klaxon, le crissement, «screech», des pneus et le «vroum-vroum» du moteur. Portez ces mêmes bruits à l'attention de votre tout-petit lorsque vous conduisez votre automobile.

• Découpez des ouvertures à chacune des extrémités d'une grande boîte de carton afin de créer un tunnel et montrez-lui comment y faire pénétrer le camion. Parlez-lui des différentes parties du camion (le volant, les pneus) et expliquez pourquoi elle doit allumer les phares lorsqu'elle conduit dans un tunnel sombre. Voyez si elle est capable de deviner quelle partie du camion sortira du tunnel en premier, le devant ou le derrière.

CANALISEZ SON ÉNERGIE à travers ce jeu créatif consistant à imiter la conduite d'une véritable auto et regardez-la améliorer ses habiletés motrices.

RAPPORT DE RECHERCHE

L'enthousiasme apparemment *illimité d'un trottineur pour le jeu s'explique par le fait qu'il se trouve dans une période de développement unique et merveilleuse. Le cerveau d'un enfant de deux ans consomme deux fois plus d'énergie métabolique que celui d'un adulte et il possède deux fois plus de synapses (les connexions entre les cellules nerveuses qui acheminent les impulsions électriques nécessaires au fonctionnement de toutes les fonctions du corps, y compris la cognition). «À cet âge, les enfants sont dans une période biologiquement favorable à l'apprentissage», affirment la neurologue Ann Barnet et son coauteur et époux, Richard, dans leur ouvrage intitulé* The Youngest Minds. *Cette période magique se poursuit jusqu'à l'âge d'environ dix ans, alors que le cerveau commence à perdre les connexions synaptiques qui n'ont pas été utilisées.*

133

24 MOIS ET PLUS

AU VOLANT DU CAMION D'INCENDIE

UNE AMUSANTE CHANSON AVEC MOUVEMENTS

 sur l'air de **«Ne pleure pas Jeannette»**

Vite, vite, conduis le camion,
Faites des mouvements imitant la conduite
Aller vite, vite, vite,
Aller vite, vite, vite,
Vite, vite, conduis le camion,
Le camion fait pin-pon,
Pin-pon, pin-pon,
Le camion fait pin-pon.
Remuez la main comme si vous sonniez une cloche

Vite, vite, grimpe à l'échelle,
Faites semblant de monter une échelle
Aller vite, vite, vite,
Aller vite, vite, vite,
Vite, vite, grimpe à l'échelle,
Et fais jaillir de l'eau,
Et fais, et fais,
Et fais jaillir de l'eau
Faite semblant d'arroser.

Développement du langage ✔

Jeux de rôles ✔

SONNEZ L'ALARME ! Déclenchez l'alarme! Cette chanson au rythme endiablé permettra à votre amateur de camion en herbe de faire semblant de conduire le véhicule le plus gros et le plus voyant qui soit, c'est-à-dire, un camion d'incendie et d'imiter l'une des professions les plus excitantes qui soit aux yeux d'un tout-petit. Tenez-vous face à votre enfant pendant que vous lui montrez les gestes des mains ou tenez-vous dos à lui alors qu'il est debout et aidez-le à faire les mouvements lui-même. S'il est prêt à jouer le rôle d'un pompier, trouvez une boîte en carton résistante, peinturez-la en rouge, installez-le à l'intérieur et poussez la boîte en chantant: «vite, vite, vite, conduis le camion», alors qu'il exécute les mouvements appropriés.

VOTRE PETIT CHEF DES POMPIERS connaîtra la sensation de sa vie en prenant conscience du fait qu'il conduit le camion d'incendie et éteint le feu imaginaire avec son boyau fictif.

DES TRÉSORS
PLEIN LE SAC À MAIN

CHASSE AUX TRÉSORS

LA CURIOSITÉ INSATIABLE d'une fillette relativement aux trésors dissimulés dans votre sac à main ou votre porte-documents est adorable, certes, mais elle peut mener à la catastrophe (par exemple, perte de cartes de crédit) et même s'avérer dangereuse (boîtes à pilules et crayons pointus). Encouragez-la dans ses explorations en lui donnant son propre sac à main que vous remplirez d'objets inoffensifs ressemblant à ceux qu'elle pourrait trouver dans le vôtre : un peigne, des clés, un miroir, un bloc-notes, et même un portefeuille. Incitez-la à chercher des objets dans son sac sans regarder : « Est-ce que tu sens tes clés à l'intérieur du sac ? » ou demandez-lui de vous nommer chacun des articles au fur et à mesure qu'elle les sort du sac.

ELLE SEMBLE IMITER LES ADULTES, mais le fait de posséder son propre sac à main, rempli d'objets sécuritaires provenant du porte-documents d'un de ses parents lui permet de découvrir différents objets et de connaître leur usage.

HABILETÉS

Vous pouvez faire en sorte *que votre enfant ait une meilleure compréhension de tous les articles se trouvant dans son sac en décrivant l'utilisation de chacun des objets à mesure qu'elle les sort du sac. («Je suis contente que tu aies trouvé les clés de l'auto. Nous pourrons l'utiliser pour nous rendre à l'épicerie», ou encore «aimerais-tu te coiffer avec cette brosse?». Changez régulièrement les objets se trouvant à l'intérieur du sac à main afin de mettre à l'épreuve les capacités d'identification de votre enfant.*

✔ **Développement de la notion de concept**

✔ **Développement du langage**

✔ **Capacités d'écoute**

✔ **Distinction tactile**

135

TOUCHER ET NOMMER

QUE SE CACHE-T-IL DANS LA TAIE D'OREILLER?

HABILETÉS

Apprendre à décrire *les objets de son univers donne à votre enfant le sentiment d'exercer un certain contrôle sur eux. Cette activité lui permet également de développer ses habiletés au niveau du langage et en ajoutant une composante tactile à sa mémoire visuelle en plein développement, il verra les objets sous un aspect tridimensionnel.*

Développement de la notion de concept	✔
Développement du langage	✔
Capacité d'écoute	✔
Résolution de problèmes	✔
Distinction tactile	✔

VOTRE TOUT-PETIT a maintenant le nez fourré partout, car il est irrésistiblement porté vers la découverte et veut toucher à tout, savoir ce que les choses goûtent, connaître les sons qu'elles produisent ainsi que l'allure et la façon de bouger des gens et des bêtes. Aidez-le à mener son enquête tout azimut et à identifier les sensations de différentes formes et textures avec cette variante du jeu classique de démonstration pratique.

• Placez un objet familier comme son camion-jouet, un ballon, une poupée ou sa cuillère ou sa tasse préférée à l'intérieur d'une taie d'oreiller ou d'un sac de toile.

• Demandez à votre tout-petit de fouiller à l'intérieur de la taie d'oreiller (pas question de regarder!) et de toucher l'objet, puis de deviner de quoi il s'agit (il est possible qu'il ait à deviner à quelques reprises avant d'avoir la bonne réponse). S'il ne parvient pas à identifier l'objet, dites-lui ce que c'est avant qu'il ne perde patience.

• Sortez l'objet et décrivez-lui ses propriétés tactiles. Initiez-le à des notions comme dur et mou, duveteux et lisse, etc.

Mettez un autre jouet à l'intérieur du sac et répétez l'exercice. Encouragez-le à utiliser les mots qu'il vient d'apprendre pendant qu'il essaie de deviner quel jouet se cache à l'intérieur.

• Pour apporter un peu de variété au jeu, laissez-le cacher un jouet à l'intérieur de la taie d'oreiller et essayez à votre tour d'identifier le jouet. Vous pouvez aussi glisser un objet à l'intérieur de la taie d'oreiller et demander à votre petit Hercule Poirot de deviner ce qui se cache à l'intérieur, en palpant la taie d'oreiller de l'extérieur.

SI VOTRE ENFANT AIME CETTE ACTIVITÉ,
essayez aussi *Des sons mystérieux, en page 141.*

24 MOIS
2
ET PLUS

«Regarde, c'est ma tasse!»

IL AURA UN COUP DE COEUR pour les textures et apprendra à nommer les sensations qu'il aura éprouvées dans le cadre de ce jeu de devinette pratique.

137

RAPPORT DE RECHERCHE

Jouer avec de la glaise à modeler et la façonner *fait plus que favoriser l'émergence des talents artistiques de votre enfant. En lui permettant de manipuler cette matière et de s'adonner à d'autres plaisirs tactiles, vous contribuez au «développement de sa connaissance du monde et à son habileté à se servir de différentes matières», affirme Esther Thelen, une psychologue de l'Indiana University à Bloomington. La psycho-éducatrice Jane Healy croit elle aussi aux bienfaits de la glaise, du sable, de la peinture avec les doigts et de la boue, qui permettent d'affiner les habiletés tactiles d'un enfant. Elle donne également ce conseil aux parents exigeants : « si vous êtes portés à être excessif quant à la propreté, fermez vos yeux et imaginez de petites dendrites (neuronales) qui se branchent et apportent une plus grande ouverture d'esprit ».*

LAISSEZ VOTRE ENFANT donner libre cours à ses talents artistiques en lui offrant des outils et de la glaise de couleur.

138

24 MOIS ET PLUS
2

JOUER AVEC DE LA GLAISE

CRÉATION DE FORMES ET DE SCULPTURES

VOUS AVEZ PROBABLEMENT CONSERVÉ DES SOUVENIRS précieux de votre enfance, alors que vous avez créé des formes farfelues avec de la glaise. Aujourd'hui, c'est au tour de votre enfant de deux ans de laisser libre cours à ses talents artistiques avec cette glaise de couleur. Achetez de la glaise à modeler non toxique dans une boutique de jouets ou fabriquez vous-même une provision de glaise à modeler de couleur (voir recette de glaise dans le cercle). Prévoyez un espace de travail suffisamment grand et l'utilisation de quelques outils sécuritaires comme un rouleau à pâtisserie, un pilon à pommes de terre et un découpoir en plastique et place à la sculpture !

La plupart des jeunes enfants préfèrent expérimenter en pétrissant la glaise et en lui donnant des formes abstraites.

• Montrez-lui comment manipuler la glaise en la roulant en boule et en la laissant l'écraser ou faites-en un long rouleau qu'il pourra briser en morceaux et rabouter à sa guise.

• Montrez à votre enfant comment des formes simples comme des cercles, des carrés et des triangles peuvent être rassemblées pour en faire des objets reconnaissables comme des visages, des chapeaux ou des arbres.

• Pour ranger la glaise, rassemblez plusieurs contenants hermétiques et placez chacune des couleurs dans un contenant différent en faisant une marque sur chacun des couvercles avec la couleur correspondante. Une fois qu'il aura fini de jouer avec la glaise, demandez-lui de ranger chacune des couleurs dans le contenant approprié.

◄ SI VOTRE ENFANT AIME CETE ACTIVITÉ, essayez aussi *Les artistes du sable*, en page 68.

FAITES-LE VOUS-MÊME

Mélangez 1 tasse de farine, 1 tasse de sel, 1 cuillère à table de poudre de tarte, 1 tasse d'eau et 1 cuillère à table d'huile végétale. Laissez mijoter dans une marmite jusqu'à ce que la glaise commence à s'éloigner des côtés de la marmite. Une fois qu'elle sera refroidie, ajoutez 5 gouttes de colorant alimentaire et pétrissez cette pâte jusqu'à ce qu'elle soit lisse.

HABILETÉS

Jouer avec de la glaise à modeler *permet à votre enfant de jouer avec les formes et les textures en trois dimensions. De plus, manipuler la glaise stimule les sens et développe les habiletés motrices fines. Enrichissez le vocabulaire de votre enfant en lui enseignant les mots correspondant aux couleurs de base, aux formes et aux textures.*

✔	**Cause et effet**
✔	**Expression créatrice**
✔	**Habiletés motrices fines**
✔	**Développement du langage**
✔	**Exploration sensorielle**

139

TROUVER CHAUSSURE À SON PIED

TRIER DES SOULIERS DE DIFFÉRENTES GRANDEURS

HABILETÉS

Ce projet facile à assembler *permet aux tout-petits d'exercer leur habileté à trier et de faire des découvertes quant aux grandeurs et aux matières. Vos conversations sur les souliers et les grandeurs enrichiront le vocabulaire de votre enfant. Demandez-lui de deviner à quoi servent les différents souliers et favorisez le développement de sa capacité à résoudre des problèmes.*

Habileté à trier	✔
Développement du langage	✔

SI VOTRE ENFANT AIME CETTE ACTIVITÉ, essayez aussi *Le jeu du stationnement*, en page 166.

▶

PLUSIEURS ACTIVITÉS DE CLASSEMENT sont trop difficiles pour de jeunes enfants, mais vers l'âge de deux ans ou deux ans et demi, la majorité d'entre eux sont prêts à effectuer un travail de classement relativement simple, surtout si le jeu inclut les souliers de papa ou de maman. Placez deux ou trois paires de souliers sur une table, en prenant soin de séparer chacun des souliers de l'autre soulier correspondant. Choisissez des souliers de styles et de grandeurs variés, comme par exemple des bottes pour adultes, des souliers de bébés et vos pantoufles en duvet. Demandez à votre enfant d'apparier les souliers. Pendant qu'il effectuera sa recherche, parlez-lui des différentes sortes de souliers, à qui ils font et à quoi ils servent. Certains enfants trouvent l'exercice plus facile lorsqu'ils disposent d'une boîte à souliers pour y placer les paires.

QUELS SONT LES SOULIERS qui vont ensemble ? Les tout-petits peuvent essayer d'apparier des souliers appartenant à différents membres de la famille. L'agencement des souliers représente un défi à la foi amusant et instructif.

DES SONS MYSTÉRIEUX

24 MOIS • ET PLUS

2

À LA RECHERCHE DU BRUIT CACHÉ

QUEL EST-CE BRUIT? D'où provient-il ? Voilà le genre de questions que se posent les détectives en herbe dans le cadre de ce jeu de cache-cache auditif. Servez-vous d'un jouet musical qui produit un son pendant une longue période ou d'un autre article qui fait du bruit (comme une minuterie de cuisine, une horloge ou un métronome) et dissimulez le sous une étagère basse ou derrière une porte d'armoire. Cherchez ensemble d'où provient le bruit et tentez de retrouver l'objet. Tout en poursuivant votre recherche, demandez à votre enfant d'essayer de deviner quel est le jouet ou l'objet qui fait ce bruit mystérieux.

EXERCER SES OREILLES à localiser la provenance d'un son pourrait bien devenir l'un des jeux de devinette favoris de votre détective en herbe.

HABILETÉS

Les jeunes enfants adorent *jouer à deviner les noms et cette activité contribue à affiner leurs aptitudes auditives. Localiser un objet par le son enseigne à votre tout-petit à trouver une réponse en procédant par élimination et renforce la notion qu'une devinette demandant réflexion fait partie du processus d'apprentissage.*

✔ **Capacité d'écoute**

✔ **Résolution de problèmes**

SI VOTRE ENFANT AIME CETTE ACTIVITÉ, essayez aussi *Des porte-voix puissants,* en page 169. ▶

141

DIALOGUE AVEC UNE POUPÉE

APPRENDRE À NOURRIR

HABILETÉS

Les tout-petits apprennent *souvent à être gentils avec les autres, qu'il s'agisse d'animaux ou d'êtres humains, en observant le comportement de leurs parents. En participant aux jeux de votre enfant avec sa poupée (ou un animal), vous aurez l'occasion de lui faire connaître les mots et les gestes appropriés. Il se sentira plus à l'aise avec ses sentiments naissants de douceur et d'amour.*

Expression créatrice	✔
Habiletés motrices fines	✔
Imagination	✔
Capacité d'écoute	✔
Habiletés sociales	✔

VOIR LA TENDRESSE D'UNE FILLETTE à l'égard de ses poupées, de ses oursons en peluche et autres chouchous de son univers, est réellement touchant. Cependant, il est possible que son enthousiasme fasse en sorte qu'elle soit un peu trop brusque, particulièrement avec des animaux ou d'autres enfants. Aidez-la à raffiner ses habiletés nourricières en interagissant avec votre enfant pendant qu'elle joue avec ses amis imaginaires.

• Mettez une des poupées ou un des animaux en peluche favoris de votre enfant dans les bras de votre fillette. Suggérez-lui de brosser doucement les cheveux de sa poupée, de la bercer dans ses bras ou apprenez-lui à flatter les animaux en lui faisant une démonstration avec un jouet en peluche.

• Dites-lui que sa poupée ou son ourson a froid et demandez-lui de les réchauffer en leur mettant des souliers, des chaussettes et des vêtements chauds (elle aura sans doute besoin d'aide avec les boutons-pression et les boutons) ou une couverture à la poupée ou à un jouet en peluche.

• Dites-lui qu'elle devrait nourrir sa poupée ou son animal qui n'a pas mangé de la journée et doit commencer à avoir faim. Elle fera semblant de lui offrir de la nourriture ou donnez-lui une cuillère et un petit plat contenant des céréales ou des raisins, ce qui est facile à nettoyer.

• Joignez-vous à votre enfant pour chanter une de ses berceuses préférées à sa poupée, tout en l'aidant à la bercer pour qu'elle s'endorme, puis demandez-lui d'aller la déposer doucement dans le lit.

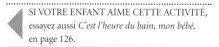

SI VOTRE ENFANT AIME CETTE ACTIVITÉ, essayez aussi *C'est l'heure du bain, mon bébé,* en page 126.

RAPPORT DE RECHERCHE

Alors que de nombreux adultes *en ont plein les mains avec les subtilités de la langue française, 90 pour cent des phrases prononcées par l'enfant de trois ans moyen sont grammaticalement exactes. Tirons-en une leçon d'humilité, car nos erreurs sont généralement le résultat d'une application trop zélée des règles. Si nous apprenons à parler convenablement aux enfants plutôt qu'en leur parlant en bébé, ils connaîtront tout de suite les mots appropriés et les bonnes formes grammaticales. Ainsi, pourquoi rire d'un enfant qui dit : «je veux trois souris.» ou «m'as-tu donné une poupée?» Après tout, elle ne fait que suivre les règles !*

LORSQUE PAPA montre à sa fillette comment prendre soin de sa poupée, il lui donne une leçon importante sur la façon de nourrir les autres.

UN ARC-EN-CIEL DE COULEURS

UNE ACTIVITÉ POUR TIRER, TOURNER ET COMPTER

HABILETÉS

Ce boulier élémentaire *permet d'augmenter l'habileté de votre tout-petit à catégoriser des objets en l'aidant à identifier différentes couleurs et grandeurs. Il s'agit également d'une excellente occasion pour initier votre enfant à des mots évoquant des comparaisons comme gros, plus gros et le plus gros.*

DES BALLES DE COULEURS VOYANTES QUI VIREVOLTENT sur une corde vont capter à coup sûr l'attention des tout-petits, car ils aiment les couleurs vives et les mouvements rotatifs. Toutefois, en plus d'être amusante, cette activité présente l'avantage d'enseigner à votre enfant d'importants concepts. Pour commencer, faites passer une corde à travers plusieurs balles de couleur comportant des ouvertures (en vente dans les boutiques de jouets) et fixez solidement la corde entre deux chaises. Montrez à votre enfant comment faire tourner les balles et les glisser d'un bout à l'autre de la corde, puis demandez-lui de faire tourner celles d'une couleur particulière ou uniquement les plus grosses balles.

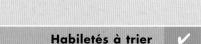

Habiletés à trier	✔
Développement de la notion de concept	✔
Coordination	✔
Développement du langage	✔

FAIRE TOURNER RAPIDEMENT DES BALLES AU COULEURS VIVES est amusant, mais cette activité comporte également un aspect éducatif en apprenant à l'enfant à identifier les couleurs et les dimensions : bleu et rouge, petite et grande et plus ou moins.

IL FAUT ARROSER ÇA !

ET PLOUF, PETITE BALLE !

DE L'EAU, DES BALLES, DES LANCERS, de l'arrosage au programme… tous les éléments de cette activité risquent de faire en sorte que vous et votre petite fille allez finir par être trempés, mais elle s'amusera tellement que vous n'y verrez pas d'objection. Trouvez deux ou trois grands bols ou pots en plastique et remplissez-les d'eau jusqu'à la moitié. Rassemblez plusieurs balles de petite dimension, de préférence des balles qui peuvent flotter (des balles en plastique ou des balles de tennis feront l'affaire).

Demandez à votre enfant de lancer les balles dans les cibles en plastique contenant l'eau.

Calculez le nombre de balles qu'elle peut lancer dans chacun des bols et n'oubliez pas de l'applaudir à chaque fois, même si elle manque son coup. Lorsqu'elle deviendra meilleure, augmentez le niveau de difficulté en lui demandant de se tenir à une plus grande distance des contenants remplis d'eau.

VOTRE PETITE LANCEUSE produira des éclats d'eau lorsqu'elle atteindra la cible et améliorera sa coordination en visant le contenant d'eau.

HABILETÉS

Cette activité ayant pour thème central l'eau, *aide votre enfant à développer sa coordination œil-main et ses mouvements globaux. Ce jeu représente également une excellente occasion d'apprendre à compter à votre enfant («Voilà une balle à l'eau, en voici deux. Regarde comme tu es bonne, tu as envoyé trois balles dans le bol!»*

✔	**Coordination**
✔	**Capacité de compter**
✔	**Coordination œil-main**
✔	**Mouvements globaux**

SI VOTRE ENFANT AIME CETTE ACTIVITÉ, essayez aussi *Et hop, dans les airs!*, en page 152.

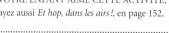

145

INITIATION À LA PEINTURE

ÉMERGENCE D'UN ARTISTE EN HERBE

HABILETÉS

À l'âge de 30 mois, *votre enfant commence à peine à prendre conscience de ses capacités créatrices, qu'il s'agisse de griffonner avec un crayon ou de donner ses premiers coups de pinceau. En le laissant peindre ce dont il a envie, vous lui permettrez de prendre confiance en ses capacités d'expression visuelle. La transformation d'objets du quotidien en éléments artistiques développe sa créativité ainsi que ses habiletés motrices fines et sa coordination œil-main.*

Expression créatrice	✔
Coordination œil-main	✔
Habiletés motrices fines	✔
Stimulation tactile	✔

IL EST ENCORE TROP JEUNE pour peindre des natures mortes ou des paysages et vous ne serez peut-être pas capable d'identifier ce qu'il a créé, mais chaque enfant a un talent artistique inné qui ne demande qu'à s'exprimer. Créez cet espace propice à l'éclosion du talent de votre tout-petit en lui offrant de la peinture et des outils simples que des petites mains peuvent manipuler sans difficulté.

• Placez différentes couleurs de peinture non toxique (comme la détrempe) dans de petits bols ou des assiettes à tarte. Rassemblez divers accessoires de peinture, y compris des pinceaux, des tampons à récurer et des découpures d'éponges.

• Montrez à votre enfant comment tremper ses accessoires dans la peinture et les appliquer sur le papier. Laissez-le expérimenter avec les couleurs et les motifs et n'oubliez pas qu'à son âge, peu importe à quoi ressemble le résultat, vous devez le laisser suivre son inspiration et non essayer de lui imposer quoi que ce soit.

• Si votre enfant semble avoir besoin de vos conseils, tracez quelques formes larges au pinceau (cercles, carrés, triangles, rectangles) et laissez-le les colorier, mais ne vous attendez pas à ce qu'il respecte l'intérieur des lignes.

• Ne renoncez pas à cette activité amusante uniquement parce que vous craignez le tapage et la saleté. Collez de grandes feuilles de papier sur une surface facilement lavable (comme le plancher ou la table de cuisine) et mettez le petit Picasso au bain une fois qu'il aura terminé ses chefs-d'œuvre.

SI VOTRE ENFANT AIME CETTE ACTIVITÉ, essayez aussi *Des collages hauts en couleurs,* en page 160.

30 MOIS
2½
ET PLUS

«REGARDE CE QUE J'AI FAIT, PAPA !
C'est un camion à incendie !» Élargir les
horizons artistiques de votre enfant est
aussi simple que mettre de la peinture
sur du papier.

«J'ai trouvé Teddy !»

UNE CHASSE AU TRÉSOR devient
encore plus excitante lorsque votre
enfant a l'occasion d'utiliser une
lampe de poche dans le noir.

148

S'AMUSER AVEC UNE LAMPE DE POCHE

30 MOIS
2½
ET PLUS

TROUVER DES JOUETS CACHÉS DANS L'OBSCURITÉ

BRANDIR UNE LAMPE DE POCHE est une source d'émerveillement chez la majorité des tout-petits, car cet outil leur procure un certain contrôle sur l'obscurité et modifie l'aspect de tout ce qui les entoure.

• Commencez cette activité en soirée en cachant l'un des articles préférés de votre enfant, par exemple, une poupée, un livre ou son ourson adoré. Limitez le territoire de recherche à une ou deux pièces pour qu'elle n'ait pas trop de difficulté à trouver le trésor caché.

• Dites à votre petite fille ce qu'elle doit chercher, fermez les lumières (ou laissez un éclairage tamisé) et donnez-lui une lampe de poche légère (vous devrez sans doute lui en montrer le fonctionnement au départ). Munissez-vous aussi d'une lampe de poche.

• Rendez l'activité vivante et amusante en lui donnant plusieurs indices au besoin :

«Tu brûles, tu es de plus en plus près, encore plus près. Oh, là tu refroidis, ma belle!» Si elle commence à perdre patience, utilisez le faisceau de votre propre lampe de poche pour l'aider à trouver le lieu de la cachette.

• Cette activité est idéale pour que votre enfant joue avec un membre de la famille plus âgé ou un groupe d'enfants, car vous pouvez cacher plusieurs objets en une fois, quelques-uns dans des endroits plus difficiles à trouver. Observer des enfants en pleine recherche, lampes de poche en mains, est un spectacle qui vaut son pesant d'or.

SI VOTRE ENFANT AIME CETTE ACTIVITÉ, essayez aussi *Des trésors plein le sac à main,* en page 135.

HABILETÉS

Chercher un objet *représente un problème qui demandera à votre enfant de se concentrer pour parvenir à le résoudre. La première étape consiste évidemment à écouter votre description de l'objet caché, ce qui fait appel à la capacité de compréhension de votre enfant. Il devra penser à des endroits qui ne sont pas dans son champ de vision immédiat, une forme de pensée abstraite qui représente une acquisition de taille pour un jeune enfant. Ce jeu de fin de soirée peut également diminuer la crainte et les sentiments négatifs que les enfants éprouvent face à l'obscurité.*

✔ **Capacité d'écoute**

✔ **Résolution de problèmes**

✔ **Habiletés sociales**

✔ **Mémoire visuelle**

LES PARTISANS DE LA THÉORIE DES HABILETÉS INNÉES ET LES AUTRES

NAISSONS-NOUS dotés d'habiletés, de points faibles et de traits de personnalité inaltérables ou comme des disquettes vierges attendant de recevoir de la mémoire, soit d'être nourris par notre environnement et d'imprégner l'information dans nos psychés ? Pour de nombreux scientifiques, les recherches effectuées au cours des dernières années sur le cerveau ont permis de régler une bonne fois pour toutes une question vieille comme le monde, à savoir si les habiletés sont innées chez l'enfant ou si ce dernier part de zéro. Le résultat ? Verdict nul... 50/50 !

Pendant des décennies, des études comportementales ont laissé entendre que certaines caractéristiques comme l'agressivité, la timidité et le courage de prendre des risques étaient d'origine génétique. Alors que Dame Nature semblait autrefois remporter la palme, les neurologues ont démontré à quel point le cerveau humain était à l'état brut au moment de la naissance et l'importance de l'environnement sur le caractère d'une personne, soit jusqu'à en modifier la forme du cerveau, dans certains cas. Dans les années 1990, les scientifiques ont rassemblé ces deux écoles de pensée en concluant que si les gens naissaient avec certaines tendances et habiletés, le degré de manifestation de ces caractéristiques dépendait largement de leurs expériences, particulièrement durant la petite enfance. Comme l'affirme la neurologue Ann Barnet dans son ouvrage *The Youngest Minds* : « des recherches effectuées récemment par des spécialistes en génétique du comportement ont révélé que l'influence relative des facteurs héréditaires et de l'environnement sont de même importance ».

Ce partage a des conséquences importantes pour les parents. D'une part, cela signifie que si un enfant est né avec un comportement particulier, les parents peuvent travailler avec l'enfant afin d'éliminer cette habitude. Ainsi, les parents d'une fillette timide peuvent l'aider à s'extérioriser ou lui apprendre à exercer un contrôle sur ses impulsions si elle prend trop de risques. D'autre part, cela veut dire que même si un enfant est né avec certains dons, comme par exemple une habileté musicale exceptionnelle ou d'autres dons artistiques, ces talents pourraient ne jamais ressortir s'ils n'ont pas l'occasion d'être stimulés.

UNE ACTIVITÉ SAUTÉE !

30 MOIS
2 ½
ET PLUS

SE DÉHANCHER ET BOUGER SUR UN AIR RYTHMÉ

FAITES RIGOLER ET SE TORTILLER DE RIRE VOTRE TOUT-PETIT au son de ce chant joyeux qui favorise le rythme et le mouvement. Tenez votre enfant sur vos genoux, face à vous, puis tapez du pied de façon rythmique en chantant les mots. Lorsque vous chantez M. Sautillon saute haut, soulevez votre tout-petit dans les airs et lorsque vous chantez M. Sautillon saute bas, soulevez-le à peine. Dans le deuxième couplet, faites bouger votre enfant légèrement pendant que vous le soulevez et l'abaissez (le secouer vigoureusement est risqué) Allez-y de vos propres couplets et mouvements, par exemple en tapant des mains, en agitant les bras ou en saluant. Si votre enfant est solide sur ses pieds, laissez-le sauter et se tortiller lui-même pendant que vous chantez et tapez des mains.

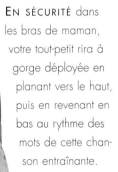

EN SÉCURITÉ dans les bras de maman, votre tout-petit rira à gorge déployée en planant vers le haut, puis en revenant en bas au rythme des mots de cette chanson entraînante.

M. Sautillon
Est un vieil homme amusant,
Qui saute et qui saute à tout venant.
Il saute très haut,
Il saute juste un peu,
Il saute et il saute,
En tous temps, en tous lieux.

Viens sauter avec lui !
M. Sautillon
Est un vieil homme amusant,
Qui remue et remue à tout venant,
Il remue en sautant très haut,
Il remue en sautant juste un peu,
Il remue et remue,
En tous temps, en tous lieux.

Viens sauter avec lui !

✔ **Capacité découte**

✔ **Exploration du rythme**

SI VOTRE ENFANT AIME CETTE ACTIVITÉ, essayez aussi *Chansons d'oursons*, en page 156

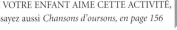

ET HOP, DANS LES AIRS !

UN JEU AVEC BALLON ET PARACHUTE

HABILETÉS

Ce jeu met à l'épreuve *la coordination et l'activité visuelle de votre enfant. Pour lancer le ballon vers le haut, il lui faut essayer de soulever la couverture en même temps que vous. Pour attraper le ballon directement sur la couverture, il lui faut garder un œil sur le ballon pendant qu'il retombe. Cette activité requiert de la planification et un certain sens de coopération avec son partenaire et votre tout-petit devra peut-être pratiquer l'exercice plusieurs fois avant d'y arriver.*

Cause et effet	✔
Coordination œil-pied	✔
Coordination œil-main	✔

SI VOTRE ENFANT AIME CETTE ACTIVITÉ, essayez aussi *Attraper un ballon de plage,* en page 105.

EN ÉTÉ COMME EN HIVER, à l'intérieur ou à l'extérieur, un ballon de plage ou un autre ballon léger contribue à amuser un jeune enfant de mille et une façons. Pour pratiquer ce jeu, vous et votre enfant devez vous tenir de chaque côté d'une couverture ou d'un mini-parachute. Placez un ballon de plage au centre et lancez-le dans les airs, puis essayez de l'attraper avec le parachute pendant qu'il retombe. Commencez par lancer doucement le ballon pour ne pas qu'il aille trop haut, puis au fur et à mesure que la coordination de votre trottineur se développera, vous pourrez le lancer de plus en plus haut.

L'ENFANT SUIVRA attentivement des yeux le ballon bondissant, dans ce jeu fort amusant qui exerce ses habiletés à coordonner les mouvements musculaires avec les mouvements du ballon.

152

CASSE-TÊTE EN PAPIER

ASSEMBLER LES GROS MORCEAUX CORRESPONDANTS

SI VOTRE ENFANT s'amuse déjà avec des casse-tête en bois et des trieurs de formes, c'est le temps d'améliorer sa capacité à comprendre et à organiser les formes dans l'espace en créant un casse-tête rudimentaire à son intention. Trouvez une image attrayante et colorée représentant quelque chose que votre enfant aime bien, comme un animal, un camion, un bébé ou un des ses aliments favoris (les magazines représentent une excellente source de photographies grand format). Collez cette image sur un morceau de papier ou sur une feuille de carton de la grandeur d'une lettre. Découpez l'image en quatre gros morceaux. Aidez votre enfant à remettre les morceaux à leur place. Une fois qu'il aura compris le fonctionnement du jeu, présentez-lui un casse-tête plus difficile en découpant l'image en plus petits morceaux.

ASSEMBLER QUATRE MORCEAUX d'une image pour former un magnifique papillon constitue exactement le genre de casse-tête auquel votre tout-petit est prêt à se frotter.

HABILETÉS

Cette activité permet *à votre enfant d'exercer sa compréhension des relations spatiales. Cela lui permet également de créer et recréer une image qu'il aime (un excellent moyen de mettre à l'épreuve sa mémoire visuelle), ce qui lui donnera confiance et l'encouragera à vouloir essayer des casse-tête plus compliqués.*

✔	**Développement de la notion de concept**
✔	**Résolution de problèmes**
✔	**Distinction des grandeurs et des formes**
✔	**Distinction visuelle**
✔	**Mémoire visuelle**

153

ODEURS FAMILIÈRES

UN VOYAGE DANS L'UNIVERS DES ODEURS

HABILETÉS

Voilà une activité *qui permettra à votre tout-petit d'explorer plus à fond les nombreuses facettes de son univers sensoriel. La découverte de l'univers des odeurs l'aidera à prendre conscience du fait qu'il existe plusieurs centaines d'odeurs différentes, agréables ou âcres, dans notre environnement. En lui enseignant les mots correspondant aux différentes odeurs et ceux des objets dont elles proviennent, vous enrichirez son vocabulaire.*

Développement du langage	✔
Résolution de problèmes	✔
Exploration sensorielle	✔
Mémoire visuelle	✔

IL SOURIT LORSQU'IL MANGE un biscuit et fait la moue lorsqu'il voit du brocoli, ce qui veut dire qu'il a un palais sélectif. Mais qu'en est-il de son odorat? Aidez-le à associer arôme et aliment en pratiquant ce jeu simple consistant à humer.

• Regroupez plusieurs aliments possédant des odeurs puissantes, que votre enfant connaît déjà, comme des biscuits aux brisures de chocolat, des oranges et des oignons.

• Bandez-lui les yeux avec un mouchoir ou une écharpe (ou couvrez simplement ses yeux avec votre main) et demandez-lui de renifler fort (et surtout de ne pas regarder!) et de deviner quelles sont les odeurs présentes dans la pièce. Une fois qu'il aura deviné, laissez-lui goûter aux aliments afin qu'il s'habitue à associer différentes odeurs à différents goûts.

• Choisissez des aliments aux arômes plus subtils au fur et à mesure qu'il maîtrisera cette activité. Ainsi, voyez s'il est en mesure de différencier une pêche d'une pomme, un biscuit d'un gâteau ou un citron d'une orange.

• Répétez l'exercice avec des odeurs qui se trouvent à l'extérieur. Mettez sa mémoire olfactive à l'épreuve en lui faisant sentir des fleurs, de la boue et des herbes communes.

• Demandez à votre trottineur d'identifier les odeurs présentes dans le voisinage comme le pain frais de la boulangerie, le poulet frit d'un restaurant ou des fruits d'été dans un kiosque de trottoir.

◄ SI VOTRE ENFANT AIME CETTE ACTIVITÉ, essayez aussi *Toucher et nommer*, en page 136.

30 MOIS ET PLUS
2 1/2

«Que sens-tu, maintenant?»

OUF! L'odeur âcre d'un oignon cru est facile à reconnaître, mais qu'en est-il de ces tranches d'orange?

CHANSONS D'OURSONS

LES TOUT-PETITS ADORENT les oursons en peluche, le rythme et les répétitions de ces chansons d'oursons représentent toujours pour eux un attrait irrésistible. Installez votre enfant sur vos genoux et faites-le sauter doucement en suivant le rythme de ces chansons, tout en l'invitant à chanter avec vous ou à se joindre à vous (et à ses jouets en peluche) en imitant les gestes appropriés.

L'OURS

 sur l'air de «Malbrough s'en va-t-en guerre»

L'ours marche sur la montagne,
L'ours marche sur la montagne,
L'ours marche sur la montagne,
Afin de voir au loin.

Afin de voir au loin,
Afin de voir au loin.

L'ours marche sur la montagne,
L'ours marche sur la montagne,
L'ours marche sur la montagne,
Afin de voir au loin.

OH QUAND LES OURS

Oh, quand les ours se réveilleront,
Oh, quand les ours se réveilleront,
Je voudrais être un gros nounours,
Oh, quand les ours se réveilleront.
Étirez-vous comme lorsque vous vous réveillez

Oh, quand les ours s'exerceront,
Oh, quand les ours s'exerceront,
Je voudrais être gros nounours,
Oh, quand les ours s'exerceront.
Sautez de haut en bas

Improvisez d'autres couplets à votre guise par exemple, oh, quand les ours mangeront du miel, oh, quand les ours auront des ailes, etc.

LES OURSONS

 «Passe, passera»

Les ours, les oursons,
Les oursons tournent, les oursons tournent.
Les ours, les oursons,
Les oursons tournent tous en ronds.
Tournez en rond avec votre enfant pendant
que vous lui apprenez la chanson

Les oursons tournent en rond,
Les oursons touchent le sol.
Touchez le sol

Les ours, les oursons,
Les oursons tournent, les oursons tournent.
Les ours, les oursons,
Les oursons tournent tous en ronds.
Tournez en rond avec votre enfant

Les oursons mangent du miel,
Les oursons se régalent.
Frottez-vous le ventre

Les ours, les oursons,
Les oursons tournent,
les oursons tournent.
Les ours, les oursons,
Les oursons tournent
tous en ronds.
Tournez en rond puis
asseyez-vous à la fin de la chanson.

LES OURS DORMENT

 «Frère Jacques»

Les ours dorment, les ours dorment,
Dans leurs caves, dans leurs caves,
Attendant le printemps,
Attendant le printemps,
Chut ! Chut ! Chut !
Chut ! Chut ! Chut !

LE GENOU DE PAPA est l'endroit idéal pour un duo de chansons sur les oursons qui permettront à votre « petit oursons » de développer ses aptitudes langagières et ses capacités d'écoute.

157

EN PLEIN DANS LE MILLE !

UN ATTERRISSAGE RÉUSSI

HABILETÉS

Sauter *fait travailler les muscles des deux côtés du corps, augmentant ainsi la coordination bilatérale. Il s'agit là d'un contrepoids salutaire à des activités comme faire rouler un ballon, qui ne font appel qu'à un seul côté du corps. Sauter permet également d'améliorer la coordination œil-pied et l'équilibre d'un enfant un peu plus âgé. Il doit mettre ses pieds à l'endroit où il regarde et rester debout après être retombé sur ses pieds.*

Équilibre	✓
Coordination œil-pied	✓
Mouvements globaux	✓
Orientation spatiale	✓

SAUTER EST UN GRAND accomplissement pour les tout-petits, car cette action exige de la coordination, de la force et un peu de courage. C'est également un geste qui est excitant. Pour vous en persuader, vous n'avez qu'à observer l'expression de plaisir sur le visage de votre jeune athlète après qu'il a sauté dans une grosse mare d'eau de pluie.

• Vous pouvez l'aider à améliorer sa forme et augmenter sa confiance en aménageant un espace d'entraînement au saut en installant un tabouret ou un bloc stable ou quelque autre plate-forme de lancement sécuritaire (assurez-vous qu'il arrivera sur une surface molle ou coussinée).

• Utilisez un grand morceau de papier de bricolage ou une assiette en papier de couleur comme cible et collez-la au sol avec du ruban d'emballage résistant pour ne pas qu'elle glisse lorsque votre trotteur va retomber au sol. Encouragez-le à sauter directement sur la cible. Pour y parvenir, il devra pratiquer. N'oubliez pas de l'applaudir à chacun de ses essais.

Plus votre enfant deviendra habile, plus la cible devra être petite ou demandez-lui de sauter (à une hauteur raisonnablement sécuritaire) de plus haut.

• Certains enfants sont craintifs à l'idée de sauter ainsi dans le vide. Rassurez-le en lui montrant comment sauter ou tenez sa main pendant qu'il saute. Une fois qu'elle aura confiance en sa capacité de sauter, il ne voudra plus arrêter.

SI VOTRE ENFANT AIME CETTE ACTIVITÉ, essayez aussi *Et ça tourne !*, en page 163.

PRÊTE ? ALLEZ, SAUTE ! Cet amusant saut aérien est fort utile pour développer des muscles plus puissants et une bonne coordination œil-pied.

RAPPORT DE RECHERCHE

Des expériences enrichissantes *telles qu'assembler un collage, procurent aux enfants une stimulation créatrice essentielle à leur développement. Des chercheurs du Collège de médecine à Houston, au Texas, ont découvert que des enfants privés de jouets et de partenaires de jeux (ou de gardiennes qui leur enseignent mille et une choses) possédaient des cerveaux de 20 à 30 pour cent plus petits que la normale. Pour offrir à leur enfant une stimulation pertinente, les parents n'ont pas besoin d'accumuler toute une panoplie de gadgets électroniques et de jouets coûteux. Une étude approfondie menée à l'Université de l'Alabama a révélé que les jouets de base, comme les fournitures artistiques, les blocs et les casse-tête représentaient encore le meilleur moyen de favoriser le développement cognitif et physique d'un jeune enfant.*

DES COLLAGES
HAUTS EN COULEURS

UNE COLLECTION D'IMAGES FASCINANTES

MÊME À UN ÂGE AUSSI TENDRE, votre enfant a déjà des préférences et sait ce qu'il aime et ce qu'il n'aime pas. Ainsi, il est possible qu'il soit fasciné par la musique, les animaux ou des activités comme le jardinage et la cuisine. Encouragez-le à apprécier les activités pour lesquelles il éprouve un intérêt naturel en l'aidant à réaliser un collage à partir d'une sélection d'images.

• Rassemblez des images colorées illustrant des choses qui l'intéressent en fouillant dans des revues, des journaux et même de la publicité importune et mettez-les dans un grand panier ou un grand bol.

• Demandez à votre tout-petit d'y jeter un coup d'œil et parlez des images pendant qu'il les prend pour les regarder. Demandez-lui d'identifier ces objets (par exemple, un violon, une baleine, une fleur, un muffin aux bleuets, etc.).

• Demandez-lui de choisir les images qu'il préfère et placez-les sur une grande feuille de papier épais, comme du papier de bricolage.

• Montrez-lui comment mettre de la colle à l'endos d'une image, puis déposez-la sur le papier afin de produire un collage au moyen de colle (non toxique) pour enfants.

• Une fois que vous aurez terminé ce collage, fixez-le à un endroit bien en vue, dans sa chambre, sur le réfrigérateur ou même dans le vestibule d'entrée avant. Les créations artistiques des enfants doivent être vues et non cachées !

«J'AIME LES DAUPHINS parce qu'ils vivent dans l'océan». Apprenez à mieux connaître votre enfant en l'aidant à créer une œuvre qui reflète sa personnalité et ses goûts.

HABILETÉS

Laisser votre enfant *choisir ses propres images pour réaliser un collage lui permet de s'exercer à exprimer ses préférences. L'encourager à discuter des images l'aide à enrichir son vocabulaire, et en lui montrant à manipuler la colle et des morceaux de papier collants, vous contribuez au développement de ses habiletés motrices fines.*

✔ **Expression créatrice**

✔ **Habiletés motrices fines**

✔ **Développement du langage**

✔ **Distinction visuelle**

SI VOTRE ENFANT AIME CETTE ACTIVITÉ, essayez aussi *Casse-tête en papier*, en page 153.

2½
30 MOIS
ET PLUS

QUELLE BOÎTE MAGNIFIQUE !

COMMENT DÉCORER UN COFFRE À JOUETS

HABILETÉS

Ce projet favorise *l'esprit créateur d'un tout-petit en lui permettant de s'exprimer sur autre chose que du papier. En associant le dessin, la peinture, le coloriage et le collage, cette activité l'initie à plusieurs médias artistiques. Elle permet d'affiner ses habiletés motrices fines et contribue à développer son aptitude à communiquer, surtout si les parents discutent avec leur enfant en décorant la boîte.*

Expression créatrice	✔
Habiletés motrices fines	✔
Habiletés sociales	✔

SI VOTRE ENFANT AIME CETTE ACTIVITÉ, essayez aussi *Initiation à la peinture,* en page 146.

PRÉSENTEZ À VOTRE ENFANT une nouvelle dimension pour développer ses talents artistiques naturels en l'aidant à décorer une boîte pour y ranger ses jouets. Utilisez une boîte de carton unie ou de couleur (ou recouvrez une boîte imprimée avec du papier blanc). Donnez à votre enfant des marqueurs et des crayons à encre délébile pour quil dessine des lignes et des cercles sur la boîte. Aidez-le à coller du brillant, des rubans ou des découpures de papier sur la boîte. Commencez avec un thème (comme la mer) et encouragez-le à élaborer à partir de ce sujet en apposant sur la boîte des autocollants de vagues, de poissons, de bateaux et de ballons de plage. Une fois qu'il aura terminé, écrivez son nom sur cette boîte qui revêtira pour lui un cachet spécial.

LAISSEZ LIBRE COURS à ses talents artistiques en lui donnant des crayons et des autocollants et observez-le décorer son coffre à jouets.

162

30 MOIS 2½ ET PLUS

ET ÇA TOURNE !

CHANSON POUR TOURNER RONDEMENT

CETTE CHANSON AVEC MOUVEMENTS est une façon amusante d'associer le chant à un exercice physique dynamique. Chantez «Tourne en rond» à quelques reprises en suivant les directives des paroles et en exagérant les mouvements, par exemple en sautant haut dans les airs lorsque vous chantez : « Allez, saute un p'tit peu ! » Votre petit ressort ambulant prendra plaisir à vous imiter et développera du même coup un meilleur contrôle de son corps et de ses mouvements globaux. Mimez les paroles augmente également la compréhension des concepts comme en haut ainsi qu'élevé et bas.

BOUGER AU RYTME DE LA MUSIQUE permettra à la confiance corporelle de votre enfant d'accomplir des sauts de géant.

 sur l'air de **"Frère Jacques"**

Exécutez les mouvements indiqués dans les paroles. Commencez par les faire lentement jusqu'à ce que votre enfant comprenne bien tous les mouvements.

Tourne en rond

Tourne en rond, tourne en rond,
Touche tes pieds, touche tes pieds,

Allez, saute un p'tit peu,
Allez, saute un p'tit peu,

Et assieds-toi.
Accroupissez-vous le plus bas possible.

✔ **Équilibre**
✔ **Coordination**
✔ **Mouvements globaux**

 SI VOTRE ENFANT AIME CETTE ACTIVITÉ, essayez aussi *De la tête aux pieds*, en page 112.

MIMES EN HERBE

IMITATION D'UNE CÉRÉMONIE DE THÉ

HABILETÉS

Les tout-petits adorent aider *les adultes et reproduire tout ce qu'ils font. Ces jeux d'imitation permettent à votre enfant de pénétrer dans un monde imaginaire qui englobe les activités des enfants et des adultes, un monde idéal, quoi ! Collaborer à un projet commun, même s'il est imaginaire, développe également les habiletés sociales de votre enfant comme le partage, le don et exprimer sa gratitude.*

Conscience de son corps	✔
Expression créatrice	✔
Mouvement créatif	✔
Imagination	✔
Habiletés sociales	✔

ELLE VEUT ACCOMPLIR À PEU PRÈS TOUT ce que vous faites, n'est-ce pas ? Donnez-lui l'occasion de participer à des activités habituellement réservées aux grandes personnes en imitant toutes sortes de choses amusantes en votre compagnie.
• Organisez une cérémonie de thé, sans l'ensemble de thé. Faites semblant de verser le thé, de passer le plateau de biscuits, de boire et de manger. N'oubliez pas de dire : «s'il-te-plaît», «merci» et «hum… c'est délicieux !». Votre petite fille apprendra ainsi les bonnes manières et cela donnera le ton à la cérémonie.
• Faites cuire en équipe un gâteau sans plat ni ingrédients. Cassez des œufs imaginaires, mélangez la farine et déposez la pâte à frire dans un plat. N'oubliez pas d'essuyer la farine sur vos mains lorsque vous aurez terminé, puis servez-vous de gros morceaux de ce formidable gâteau.

Vous pouvez aussi faire semblant de piloter un avion, de nettoyer la maison ou de galoper à cheval.

«Ce thé est délicieux !»

MÊME S'IL S'AGIT D'UN THÉ IMAGINAIRE organiser une cérémonie de thé stimulera son imagination et elle apprendra à dire «Oui, s'il-te-plaît, j'en veux d'autre» et «Merci beaucoup».

LE JEU DU STATIONNEMENT

UN JEU D'ASSOCIATION DE COULEURS

HABILETÉS

Apprendre à associer des couleurs *contribue à exercer l'œil d'un jeune enfant, à comparer et à différencier des objets. Il apprendra également à faire le lien entre deux objets complètement différents ayant une caractéristique commune (dans ce cas précis, la couleur). En répétant les noms des couleurs à haute voix, alors qu'il associe la couleur de l'auto à celle du papier, vous enrichissez son vocabulaire.*

Habileté à classer	✔
Développement de la notion de concept	✔
Résolution de problèmes	✔
Distinction visuelle	✔

LA PLUPART DES ENFANTS DE DEUX ANS sont fascinés par les couleurs et sentent le besoin irrésistible de les identifier. Cet exercice capitalise sur l'attrait de votre enfant à l'égard des couleurs tout en renforçant son habileté à les reconnaître. Procurez-vous des morceaux de papier ayant les mêmes couleurs que les autos et les camions-jouets de votre petit. Dites à voix haute la couleur du papier lorsque vous le déposez sur le plancher. Garez une auto de couleur identique sur chacun des morceaux de papier (par exemple, une auto rouge sur du papier rouge, un camion jaune sur du papier jaune), puis mélangez-les et demandez à votre enfant de «conduire» les véhicules jusqu'à leur espace de stationnement respectif en fonction de leur couleur.

TROUVER **L'ESPACE DE STATIONNEMENT CORRESPONDANT** aide votre enfant à identifier les caractéristiques communes de deux objets différents.

SI VOTRE ENFANT AIME CETTE ACTIVITÉ, essayez aussi *Trier selon les formes*, en page 175.

30 MOIS
2 ½
ET PLUS

QUE DE GRIMACES !

EXPRESSION FACIALE DES SENTIMENTS

VOTRE TOUT-PETIT commence tout juste à comprendre le concept des émotions, c'est-à-dire qu'il lui arrive à certains moments de se sentir heureux et à d'autres d'être fâché ou triste. Des marionnettes confectionnées avec des cuillères en bois l'aideront à identifier et à exprimer ses sentiments de diverses façons.

Dessinez un visage heureux, un visage triste et un autre en colère sur trois cuillères en bois. Vous pouvez également les vêtir avec du papier de bricolage : ajoutez des cheveux, une moustache ou une boucle. Animez les cuillères et faites-leur exprimer leurs émotions à votre enfant ou entre elles. La cuillère souriante pourrait dire : «je suis content, je m'en vais au jardin zoologique !» et le visage colérique répondrait ainsi : «Non, je ne veux pas porter mon manteau !». Encouragez votre enfant à exprimer ses émotions lui aussi.

HABILETÉS

Voilà quelques mois à peine, *votre enfant ne connaissait qu'une façon d'exprimer les émotions désagréables, soit en pleurant. Il a maintenant atteint l'âge où il est capable de dire qu'il est content, triste ou fâché. Les cuillères en bois peuvent lui enseigner à tenir ce genre de conversation sur les sentiments. Avez-vous remarqué à quel point il était exigeant depuis quelques jours ? Laissez la cuillère au visage souriant lui montrer comment demander poliment un verre d'eau plutôt que d'insister pour en obtenir un.*

✔ **Développement de la notion de concept**

✔ **Expression créatrice**

✔ **Développement du langage**

✔ **Habiletés sociales**

IL EST SOUVENT PLUS FACILE pour les enfants de s'exprimer par l'intermédiaire du jeu, alors laissez votre tout-petit s'exercer à exprimer ses sentiments grâce aux cuillères de bois.

167

PARLER AUX TOUT-PETITS

TOUT COMME LES ENFANTS semblent naître programmés pour apprendre le langage, les parents sont instinctivement portés à tout mettre en œuvre afin de favoriser cette habileté fondamentale. Ainsi, à l'échelle internationale, dans d'innombrables cultures, les parents parlent naturellement à leurs bébés et à leurs jeunes enfants d'une voix haute, répétitive et chantante que les linguistes ont baptisée «parenthèse». Il est universellement reconnu que cette façon de parler, simple et mélodique, accélère l'habileté d'un enfant à associer des mots avec les objets qu'ils représentent et offre la syntaxe simplifiée et la répétition dont l'enfant a besoin pour apprendre plusieurs règles de grammaire.

Les parents peuvent aussi aider de plusieurs autres façons. Comme le souligne la rubrique *Rapport de recherche*, en page 59, le simple fait de parler beaucoup à votre enfant, et ce même avant qu'il ne soit capable de répondre joue un rôle primordial dans le développement de son vocabulaire. «Dites à votre bébé et à votre tout-petit tout ce qui vous passe par la tête ou presque», recommandent le docteur Marian Diamond et Janet Hopson dans leur ouvrage

«Magic Trees of the mind». Inondez votre enfant de langage parlé. Demandez à votre tout-petit de pointer du doigt les images d'un livre, de répéter certains mots ou d'ajouter des effets sonores afin de conserver son intérêt et de prolonger sa durée d'attention.

Il est également important de lui faire connaître de nouveaux mots dans un contexte affectif réel. Un enfant apprend plus rapidement la signification des mots «plus tard» et «maintenant» lorsqu'ils sont associés au moment où l'enfant aura sa collation ou durant la promenade au parc. Alimenter son intérêt insatiable de connaître les noms de tout ce qu'il voit dans la maison, aperçoit pendant les promenades en auto ou qu'elle remarque au marché local est essentiel pour satisfaire sa propension à identifier tout ce qu'il voit, comportement qui va en s'accentuant lorsque l'enfant approche de son deuxième anniversaire. Pour terminer, n'oubliez pas les bienfaits de l'intimité entre le parent et l'enfant. Caresser votre petit pendant que vous parlez ou lisez ajoute une dimension de tendresse et un contact physique qui semblent accélérer l'acquisition du langage.

30 MOIS
2½
ET PLUS

DES PORTE-VOIX PUISSANTS

DU PLAISIR AVEC DES VOIX TONITRUANTES

ELLE PARLE MAINTENANT ASSEZ BIEN et la gamme de ses vocalisations passe souvent du murmure (lorsqu'elle raconte une histoire à son ourson en peluche) à un cri strident (lorsqu'il est temps de quitter le terrain de jeux). Vous pouvez augmenter davantage ses capacités verbales et auditives au moyen d'un porte-voix. Il suffit de rouler une grande feuille de papier épais et de lui montrer comment, en parlant à travers ce porte-voix improvisé, à l'extrémité du cône, elle pourra modifier le ton, la direction et le volume de sa voix. Parlez chacun votre tour dans le porte-voix et expérimentez en modifiant le volume de votre voix, en parlant doucement, puis en parlant fort. Ce porte-voix peut également être utilisé comme amplificateur pour les chansons et produire différents sons.

ÉCOUTEZ BIEN CECI : Elle adorera développer l'étendue de son registre vocal au moyen de cet amplificateur improvisé.

HABILETÉS

Les enfants explorent naturellement *leurs sens dans le cadre du jeu, mais cette activité favorise une exploration ciblée de l'écoute et de la production de sons. Les tout-petits sont également des artistes naturels (ce qui explique les transports de joie fréquents lorsqu'ils accueillent des visiteurs). Improviser au moyen de ce dispositif leur permettra de donner libre cours à leur créativité.*

✔ **Cause et effet**

✔ **Expression créatrice**

✔ **Capacité d'écoute**

✔ **Exploration sensorielle**

VOTRE ENFANT AIME CETTE ACTIVITÉ, essayez aussi *Place aux animaux*, en page 180

169

JOUER AVEC DES RUBANS

CHORÉGRAPHIE AVEC BANDEROLES VOLANTES

HABILETÉS

Si vous ajoutez *des rubans à la séance de danse d'une petite fille, elle prendra davantage conscience des mouvements de ses bras et de son corps afin de faire flotter les rubans de différentes façons. Cette activité l'aidera à développer ses mouvements globaux et sa coordination. Jouer avec des anneaux de rubans favorise également l'exploration rythmique et la créativité.*

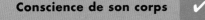

Conscience de son corps	✔
Coordination	✔
Mouvement créatif	✔
Mouvements globaux	✔
Exploration du rythme	✔

ELLE ADORE DÉJÀ danser, mais en y ajoutant un aspect magique, en l'occurrence des anneaux de rubans colorés qui s'agitent au vent, vous lui donnerez encore plus le goût de tourner et de s'amuser follement.

• Achetez une paire d'anneaux de rubans (en vente dans les boutiques de jouets) ou confectionnez les vôtres en achetant une douzaine de rubans en tissu ou découpez du tissu ou de vieilles feuilles en bandes de 30 à 64 cm de longueur. Attachez solidement une extrémité de chacun de ces rubans ou bandes de tissu autour d'anneaux de broderie de petite taille ou de bords de conserverie.

• Parlez à votre enfant des différentes couleurs de ruban et demandez-lui de vous montrer sa couleur préférée.

• Montrez-lui comment intégrer les anneaux de rubans à sa routine de danse, faites-les onduler vers le haut, puis vers le bas et agitez-les d'un côté à l'autre.

• Faites jouer de la musique de danse que vous appréciez toutes les deux et joignez-vous à votre petite pour cet exercice, alors qu'elle bouge au rythme de la musique et fait flotter et virevolter les rubans.

• Déposez les anneaux au sol et dansez autour ou faites passer les anneaux de l'avant à l'arrière pendant que vous vous déplacez l'une après l'autre, en chassé, au-delà des anneaux. Encouragez-la à improviser de nouveaux mouvements.

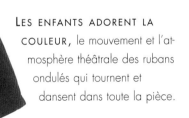

LES ENFANTS ADORENT LA COULEUR, le mouvement et l'atmosphère théâtrale des rubans ondulés qui tournent et dansent dans toute la pièce.

SI VOTRE ENFANT AIME CETTE ACTIVITÉ, essayez aussi *Écharpes volantes*, en page 118.

171

SCRUTER À LA LOUPE

VOIR LE MONDE AVEC LES YEUX D'UN INSECTE

HABILETÉS

Utiliser une loupe *est un moyen formidable d'apprendre à un enfant à aimer la nature. Il s'apercevra qu'une feuille n'est pas simplement une feuille, mais qu'elle est formée d'un labyrinthe complexe de lignes croisées ou qu'un minuscule insecte a des yeux, des pattes et une bouche et que la nature est riche et complexe. En décrivant ce que votre enfant observe, vous contribuerez également à enrichir son vocabulaire.*

Développement de la notion de concept	✔
Développement du langage	✔
Distinction des formes et des grandeurs	✔
Stimulation tactile	✔
Distinction visuelle	✔

UNE ROCHE ORDINAIRE et un cône de pin deviennent de fascinants objets aux textures diverses, lorsque votre enfant a l'occasion de les examiner de très près.

STIMULEZ LA CURIOSITÉ DE VOTRE ENFANT à l'endroit du vaste monde et augmentez sa compréhension en lui offrant une loupe. Il s'émerveillera de voir des grains de sable se transformer en rochers multicolores et en constatant que de simples feuilles vertes sont ornées de lignes minuscules.

• Commencez votre exploration en emmenant votre enfant faire une marche à l'extérieur. Montrez-lui comment tenir la loupe pour examiner différents objets comme des feuilles, des roches, de l'herbe, des fleurs, du sable et même des insectes.

• Encouragez-le à toucher aux objets sous observation et apprenez-lui les mots appropriés pour les décrire. Parlez des concepts de grandeur (« ce caillou était tout petit jusqu'à ce que

nous l'observions à la loupe. Il semble maintenant gigantesque ! »). Soyez particulière-ment prudent les jours ensoleillés, car les rayons solaires peuvent brûler la peau en pas-sant à travers la loupe ou même devenir un foyer d'incendie.

• Marchez également à l'intérieur de la maison. Demandez-lui d'examiner de près une couverture, une rôtie, une plante domestique, ses animaux en peluche. Demandez-lui de décrire ce qu'il voit, en lui suggérant des mots si son vocabu-laire n'est pas suffisamment élaboré.

• La loupe peut également servir à lui faire prendre conscience de son propre corps en explorant ses orteils, ses empreintes di-gitales et même vos yeux et votre langue.

LE BÂTON DE PLUIE

EXPLORATION DE SONS NATURELS

HABILETÉS

Quand votre enfant *n'était qu'un nourrisson, un hochet était pour lui un jouet étrange qu'il aimait saisir avec ses petits doigts. Il est maintenant capable de manipuler un gros hochet de pluie, qui lui permettra d'améliorer sa perception auditive en l'écoutant et en comparant le son qui en émane avec de la pluie véritable.*

Mouvement créatif	✔
Capacité d'écoute	✔
Exploration sensorielle	✔

SI VOTRE ENFANT AIME CETTE ACTIVITÉ, essayez aussi *Des sons mystérieux*, en page 141.

L'ASPECT ET LE SON de la pluie fascinent la plupart des jeunes enfants, car il s'agit d'eau qui tombe mystérieusement du ciel. Vous pouvez recréer le son de la pluie en tout temps au moyen d'un bâton de pluie. Procurez-vous des bâtons de pluie en bois dans des boutiques de cadeaux spécialisées dans le plein-air ou fabriquer les vôtres en remplissant un tube d'affiche d'une tasse de riz et en fermant hermétiquement les deux extrémités. Demandez à votre enfant de tourner son bâton de pluie à l'envers pendant que vous lui lisez des histoires ou chantez une chanson qui parle de la pluie. Demandez à votre enfant d'écouter le son véritable de la pluie lorsque le temps est mauvais puis dites-lui d'écouter attentivement les sons semblables qu'il reproduit avec son bâton spécial.

EN PRODUISANT une averse sonore en retournant son bâton, votre enfant s'ouvre à tout un univers de pluie et de rythme.

TRIER SELON LES FORMES

30 MOIS ET PLUS
2½

IDENTIFIER ET CLASSER LES FORMES

VOILÀ UNE ACTIVITÉ RAPIDE ET SIMPLE qui apprendra à votre enfant à organiser différentes formes. Rassemblez plusieurs balles de petite dimension et des blocs puis mélangez-les en formant une pile. Sortez un grand bol et une grande boîte et demandez à votre enfant de déposer toutes les balles rondes dans le bol rond et les blocs dans la boîte. Il aura sans doute besoin de quelques essais, mais avec votre précieux concours, il sera bientôt en mesure de trier aisément les formes.

METTRE DES OBJETS RONDS et des blocs à l'intérieur de contenants de forme similaire et de dimension supérieure aide votre enfant à différencier les formes et les grandeurs.

HABILETÉS

Ce jeu de classement permet de renforcer des habiletés fondamentales, soit l'identification et l'organisation d'objets au moyen de caractéristiques distinctives, en l'occurrence la forme. Votre trottineur prendra également conscience du fait que les formes viennent en formats différents (par exemple, une balle est ronde et un bol est rond lui aussi , mais le bol est plus grand que l'objet circulaire).

✔ **Capacité à trier**

✔ **Développement de la notion de concept**

✔ **Distinction des grandeurs et des formes**

SI VOTRE ENFANT AIME CETTE ACTIVITÉ, essayez aussi *Une collection de feuilles,* en page 177.

175

COMPTER ET CHERCHER

À LA RECHERCHE D'OBJETS SIMILAIRES

HABILETÉS

Trouver des objets *renforcera l'estime de soi de votre enfant (ne les cachez pas trop bien). Compter à haute voix pendant qu'il cherche lui permettra de se familiariser avec la séquence de chiffres et un concept d'addition élémentaire. Le défi de trouver un objet qu'il a vu quelques instants auparavant l'aide à développer sa mémoire visuelle.*

Concepts d'énumération	✓
Distinction visuelle	✓
Mémoire visuelle	✓

SI VOTRE ENFANT AIME CETTE ACTIVITÉ, essayez aussi *S'amuser avec une lampe de poche*, en page 148.

LES JEUNES ENFANTS de tous les âges adorent se lancer à la recherche d'un objet caché, qu'il s'agisse d'un hochet pour bébé, du visage de maman ou d'un biscuit dissimulé dans la poche de pantalon de papa. En demandant à un enfant de chercher plus d'un objet, vous lui permettez de s'exercer à compter tout en s'amusant. Rassemblez trois objets similaires ou plus comme des tasses, des souliers, des cuillères en bois ou des balles de couleurs. Montrez ces objets à votre enfant, puis cachez-les un peu partout dans la maison (assurez-vous de laisser une partie des objets «cachés» à découvert pour qu'il puisse les découvrir plus rapidement), puis demandez-lui de les chercher. Comptez à voix haute et applaudissez à chaque fois qu'il en trouve un. Vous pouvez cacher un plus grand nombre d'objets pour rendre le jeu un peu plus compliqué.

CHERCHER «UN OBJET ADDITIONNEL» dans le cadre de la chasse aux trésors initie l'enfant au concept des chiffres.

UNE COLLECTION DE FEUILLES

TRIER PAR ORDRE DE GRANDEUR

VOTRE ENFANT EST TRÈS DÉTERMINÉ lorsqu'il est question d'identifier ses biens («c'est ma cuillère!») et de les trier en différentes catégories («voici mes chapeaux et voici mes souliers»). Profitez de cet intérêt pour ses objets et le triage pour commencer une collection de feuilles. Ramassez des petites, des moyennes et des grandes feuilles et collez un échantillon de chacun des formats sur les côtés de sacs en papier ou de petites boîtes. Faites une pile avec le reste de ces feuilles et demandez à votre enfant de trier les feuilles dans le sac ou la boîte approprié en fonction de la dimension de la feuille. Pendant qu'il effectue son triage, parlez-lui des feuilles, de leur provenance et de leurs couleurs. S'il vous est difficile de trouver des feuilles, découpez des formes de feuilles dans du papier de bricolage.

HABILETÉS

Classer les objets par catégorie *est une activité qui présente un vif intérêt pour les jeunes enfants, car il s'agit d'une forme d'organisation et même de contrôle du monde environnant. Cette activité leur permet de se familiariser avec les concepts de grand et petit et les exerce à identifier la taille de différents objets. Parler des feuilles permet aussi à l'enfant d'apprendre les mots correspondant aux couleurs et aux dimensions et leur donne une courte leçon de sciences naturelles.*

✔ **Habileté à classer**

✔ **Développement de la notion de concept**

✔ **Développement du langage**

✔ **Distinction des grandeurs et des formes**

QU'EST-CE QUI VA OÙ ? Trier une collection de feuilles est une excellente façon d'augmenter sa compréhension des grandeurs : gros, moyen et petit.

177

L'ÉPOUSSETAGE est l'une des tâches domestiques préférées des tout-petits. Confiez-donc le soin à votre tout-petit de vous rendre cette corvée plus amusante et faites-lui savoir que son travail est très apprécié.

RAPPORT DE RECHERCHE

Beaucoup de parents sont étonnés de l'enthousiasme démontré par un jeune enfant envers des tâches quotidiennes comme le balayage du plancher ou nettoyer un comptoir avec une éponge. Voilà près d'un siècle, la physicienne et éducatrice italienne Maria Montessori vantait, entre autres notions révolutionnaires relatives à la petite enfance, les mérites des tâches significatives. Elle affirmait que ce genre d'activité favorisait le développement du sens des responsabilités et de l'estime de soi chez un enfant et lui permettait d'apporter sa contribution à la famille ou à la classe. Aujourd'hui encore, partout dans le monde, dans des milliers d'écoles où l'enseignement est basé sur les théories de Montessori, les salles de classe sont remplies d'éviers bas, de balais et de vadrouilles minuscules et d'autres articles de nettoyage, et même les plus jeunes d'âge préscolaire sont censés participer.

30 MOIS
$2\frac{1}{2}$
ET PLUS

IMITATEURS EN HERBE

IMITATIONS DU MONDE DES ADULTES

ELLE TRANSPORTE VOTRE SAC À MAIN et parle aux animaux domestiques de la même façon que vous. En certaines occasions, c'est charmant, mais il arrive aussi que ce soit embarrassant. Dites-vous vraiment « couche-toi ! » sur ce ton ? Faites-en une activité conjointe et profitez-en pour effectuer quelques tâches domestiques sous le couvert du jeu.

• Encouragez votre enfant à vous donner un coup de main pour balayer les feuilles, la poussière, construire un nichoir ou réparer une marche brisée. Donnez-lui de petits outils ou des outils pour adultes ne présentant aucun danger. Vous pouvez aussi la laisser accomplir ses tâches avec des outils imaginaires. Elle adorera vous donner un coup de main.

• Si vous avez un animal domestique, demandez à votre enfant de vous aider à le nourrir, à faire sa toilette, à lui faire faire de l'exercice ou à jouer avec lui. Non seulement y gagnera-t-elle de nouvelles habiletés, mais elle apprendra également à nourrir l'animal comme vous le faites.

• Le jardin est encore l'endroit idéal pour laisser votre enfant vous assister dans vos travaux. Montrez-lui comment planter des graines, puis laissez-la faire d'elle-même. Quand les premières pousses sortiront, la plantation aura été oublié depuis longtemps et vous pourrez surprendre votre jardinière en herbe en lui faisant admirer les fruits de son labeur.

• Intégrez de la musique à vos projets. C'est un excellent moyen d'agrémenter la tâche, surtout si vous sifflez (ou chantez) en travaillant.

SI VOTRE ENFANT AIME CETTE ACTIVITÉ, essayez aussi *Mimes en herbe*, en page 164.

HABILETÉS

Les enfants apprennent *en observant les autres, particulièrement leurs parents. Cette formidable activité interactive est un excellent moyen de montrer à votre enfant à effectuer des tâches quotidiennes (même si elle n'est pas prête pour de gros travaux). Elle augmente son estime de soi en faisant semblant d'accomplir la même chose que papa et maman. L'imitation de votre voix et de vos gestes développe les capacités visuelles et auditives de votre enfant et si vous y ajoutez de la musique, elle en explorera les rythmes.*

✔	**Coordination**
✔	**Mouvements globaux**
✔	**Capacité d'écoute**
✔	**Jeu de rôles**
✔	**Habiletés sociales**

179

PLACE AUX ANIMAUX

IMITATIONS D'ANIMAUX

HABILETÉS

Il faut de l'équilibre, *de la force et de la coordination pour chasser comme un lion, pour balayer une «trompe» au sol ou imiter un oiseau volant au-dessus des cimes des arbres. Faire semblant d'être un animal donne également des ailes à l'imagination de votre enfant et l'aide à développer de l'empathie pour d'autres créatures vivantes.*

Développement de la notion de concept	✔
Mouvement créatif	✔
Mouvements globaux	✔
Imagination	✔

ELLE JAPPE après le chien, se promène à quatre pattes aux côtés du chat et voir les animaux au jardin zoologique la rend folle d'excitation. Les tout-petits adorent les animaux et leurs drôles de façons de bouger et de «parler». Aidez votre enfant à explorer le merveilleux monde animal en lui montrant comment imiter d'autres animaux.

• Commencez par regarder des portraits d'animaux dans des livres et des revues en compagnie de votre enfant et parlez de leur comportement, de leur façon de marcher, de ce qu'ils mangent, de l'endroit où ils vivent et de la façon dont ils communiquent. Réunissez quelques-uns des animaux de peluche de votre tout-petit et expliquez-lui en quoi consisterait l'existence de ces animaux s'ils étaient réels au lieu d'être des animaux de peluche allongés sur son oreiller.

VOTRE PETIT «SINGE» améliore ses habiletés créatrice et physique en imitant les animaux qu'elle aperçoit.

180

• Imitez les sons produits par chacun des animaux : l'ours grogne, le chat miaule, le coq chante et la grenouille coasse. Demandez à votre enfant de rugir, de ronronner ou de coasser comme les animaux qu'il voit au parc, dans les dessins animés ou au jardin zoologique.

• Décrivez-lui les actions de différents animaux : un canard se dandine, un cheval trotte, une grenouille saute d'une feuille de nénuphar à l'autre, un singe saute de branche en branche et un éléphant utilise sa trompe pour arracher les feuilles des arbres. Demandez à votre enfant de se dandiner, de trotter, de sauter, d'agiter les bras et de s'étirer de la même façon que les animaux.

SI VOTRE ENFANT AIME CETTE ACTIVITÉ, essayez aussi *Mimes en herbe,* en page 164.

GLOSSAIRE

C

CAPACITÉ D'ÉCOUTE

La capacité de discerner des sons divers, y compris la musique, le rythme, le ton et le langage parlé.

CAUSE A EFFET

L'influence d'une action sur une autre. Une expérience de cause à effet aide un enfant à se familiariser avec les résultats de ses actions (lorsque le camion-jouet est lancé du haut de la chaise haute, il tombe par terre).

COGNITION

Les capacités mentales ou intellectuelles, y compris reconnaître, classer et comparer des objets; se souvenir des activités quotidiennes, des gens et de l'emplacement des objets; émettre des jugements et résoudre des problèmes.

CONCEPT DE SOI

La compréhension d'un enfant qu'il est un être à part entière. Un enfant qui a un concept de soi développé se sent bien avec lui-même.

CONSCIENCE DU CONCEPT

La compréhension de concepts particuliers comme ouvert et fermé ou grand et petit, par l'intermédiaire du jeu, de l'exploration, du mouvement et de l'expérience.

CONSCIENCE DU CORPS

La compréhension des sensations des membres, des articulations et des muscles et la capacité de localiser les parties du corps.

COORDINATION

La capacité d'intégrer tous les sens pour produire une réponse mouvement libre, efficace et habile, comme frapper un ballon.

COORDINATION BILATÉRALE

La capacité d'utiliser simultanément les deux côtés du corps, que les mouvements soient ou non symétriques. Un enfant a besoin de posséder une coordination bilatérale afin de se promener à quatre pattes, marcher, nager, attraper, grimper et sauter.

COORDINATION ŒIL-MAIN

La capacité de diriger la position et le mouvement des mains (par exemple attraper un ballon) en réaction à une information visuelle.

COORDINATION ŒIL-PIED

L'évaluation visuelle de la distance et de la profondeur et le traitement de cette information afin de coordonner le moment et l'endroit où placer les pieds. Ainsi, la coordination œil-pied est requise pour donner un coup de pied sur un ballon, grimper un escalier ou marcher sur une surface inégale.

D

DENDRITES

Les cellules nerveuses (racines du neurone) qui transmettent l'influx nerveux à l'intérieur du cerveau. Les chercheurs croient que la stimulation mentale augmente le volume et la complexité des réseaux dendritiques, qui à leur tour augmentent la cognition d'un enfant.

DÉVELOPPEMENT AUDITIF

La maturation du système auditif d'un enfant, essentielle au développement du langage parlé.

DÉVELOPPEMENT DU LANGAGE

Le processus complexe d'acquisition des habiletés langagières, y compris la compréhension de la parole, la production de sons, le langage parlé et éventuellement l'apprentissage de la lecture et de l'écriture.

DISTINCTION DES GRANDEURS ET DES FORMES

La capacité d'identifier des objets de différentes grandeurs et les relations
entre eux, comme «le gros chien», «le petit chaton» et «la boîte carrée».

DISTINCTION TACTILE

La capacité de déterminer les différences dans la forme ou la texture au
moyen du toucher. Être capable de différencier des textures aide les
enfants à explorer et à comprendre leur environnement et à reconnaître
des objets («j'ai une plume douce et une pierre froide dans ma poche»).

DISTINCTION VISUELLE

La capacité de se concentrer et de distinguer des objets dans un champ
visuel donné. Un jeune enfant se sert de sa capacité de distinction visuelle
pour trouver un oiseau dans une image ou pour localiser un de ses parents
dans une foule.

E

ÉQUILIBRE

La capacité d'adopter et de maintenir des positions corporelles contre la
force gravitationnelle. Le sens de l'équilibre est essentiel pour apprendre à
s'asseoir, se tenir debout, marcher, courir, sauter, patiner et conduire une
bicyclette.

EXPLORATION DU RYTHME

Le fait d'explorer les rythmes et la musique à travers le mouvement.

EXPLORATION SENSORIELLE

L'utilisation des sens : l'ouïe, la vue, l'odorat, le goût et le toucher dans
l'apprentissage du vaste monde.

EXPRESSION CRÉATRICE

Utilisation de la voix, du mouvement ou de l'art (comme la peinture ou le
dessin) pour transmettre des émotions et des idées.

F

FORCE DU HAUT DU CORPS

Le développement des muscles du cou, des épaules, des bras et du tronc
supérieur. Ce développement est essentiel pour se déplacer à quatre pattes,
se redresser et transporter des objets lourds.

GLOSSAIRE

H

HABILETÉ À COMPTER

La capacité d'énumérer des chiffres dans l'ordre exact et de reconnaître la correspondance un pour un.

HABILETÉ À CLASSER

La capacité de regrouper des objets selon une caractéristique commune comme la grandeur, la forme ou la couleur.

HABILETÉS MOTRICES FINES

Le contrôle des petits muscles, particulièrement ceux des mains, pour effectuer les petits mouvements comme cueillir un raisin, couper avec des ciseaux, écrire et attacher des boutons-pression et des lacets.

HABILETÉS SOCIALES

Apprendre à interagir de façon appropriée avec les autres, y compris le partage et l'alternance, ainsi que la reconnaissance des émotions d'autres personnes.

IMAGINATION

La capacité de produire des images mentales permettant d'évoquer des objets ou des personnes non présentes. L'imagination comprend le fait de créer de nouvelles idées par l'association d'expériences du passé. Elle implique également la pensée abstraite et permet à un enfant de jouer différents rôles, de prévoir les conséquences de son comportement et de créer de nouveaux scénarios.

J

JEU DE RÔLE

Utilisation de l'imagination pour faire semblant d'être quelqu'un ou quelque chose d'autre. Le jeu de rôle aide l'enfant à explorer ses sentiments.

M

MÉMOIRE VISUELLE

La capacité de se souvenir d'objets, de visages et d'images. La mémoire visuelle permet à un enfant de se rappeler d'une série d'objets ou d'images et représente un élément clé dans l'apprentissage de la lecture.

MOUVEMENT CRÉATIF

Utilisation du mouvement corporel pour transmettre des émotions et des idées.

MOUVEMENTS GLOBAUX

Le contrôle des grands muscles comme ceux des bras et des jambes. Les mouvements globaux comprennent la marche, la course et l'escalade.

N

NEURONES

Longues cellules nerveuses qui transmettent l'influx nerveux dans tout le corps. Différents types de cellules nerveuses nous permettent de bouger notre corps, de penser, d'utiliser nos sens et de ressentir des émotions.

P

PENSÉE ABSTRAITE

La capacité d'imaginer et de discuter avec des gens, des idées et des objets lorsqu'ils ne sont pas présents physiquement. Faire semblant, la notion du temps, retrouver un objet perdu et planifier une visite chez un ami exigent un certain degré de pensée abstraite.

R

RAISONNEMENT LOGIQUE

La capacité de prendre des décisions ou d'agir en fonction d'une suite d'événements ou de caractéristiques physiques. Trier, emboîter et empiler des objets sont des actions dépendant du raisonnement logique, comme la compréhension d'un jeune enfant qu'il a besoin d'amener une chaise jusqu'au bureau de son père afin d'atteindre l'ordinateur.

RECONNAISSANCE DES FORMES

La capacité d'identifier des formes particulières comme des cercles et des triangles. La reconnaissance des formes aide les enfants à apprendre à lire et à écrire.

RÉFLEXES

Réactions automatiques aux stimuli et aux événements (comme lever votre main pour éviter d'être frappé par une balle).

RELATION SPATIALE

Savoir où se trouve son propre corps par rapport à d'autres personnes et objets. Un enfant utilise la relation spatiale pour se promener sous un lit, pour franchir les entrées de portes et se déplacer généralement dans l'espace.

RÉSOLUTION DE PROBLÈME

La capacité de trouver une solution à un problème mental ou physique. Un tout-petit solutionne un problème lorsqu'il trouve comment visser le couvercle d'un bocal ou parvient à saisir sa tasse sans laisser tomber son animal en peluche.

S

STIMULATION TACTILE

L'entrée aux récepteurs qui réagissent à la pression, à la température, à la douleur et aux mouvements des poils sur la peau. La stimulation tactile permet à un enfant de se sentir à l'aise dans de nouvelles expériences comme les premiers aliments et un toucher inattendu.

SYNAPSES

Minuscules ouvertures entre les neurones à travers lesquelles les impulsions électriques se branchent, permettant aux cellules nerveuses de communiquer entre elles.

INDEX DES HABILETÉS

INDEX DES HABILETÉS

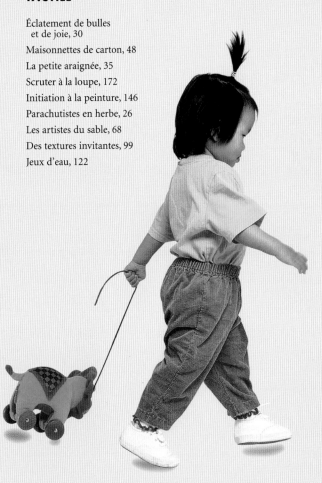

INDEX

REMERCIEMENTS

NOUS TENONS À REMERCIER PARTICULIÈRMENT
tous les jeunes enfants, les parents et les grands-parents dont les photos apparaissent dans ce livre.

Robin & Jessica Alvarado
Eric Anderson
José & Anna Arcellana
Lisa & Summer Atwood
Debbie & Karly Baker
Madeleine Barnum
Leticia & Mikailah Bassard
Dana & Nicholas Bisconti
Annamaria & Sean Mireles
  Boulton
Catherine & Lizzie Boyle
Jackson Breuner-Brooks
Ashley Bryant
Madison Carbone
Christian Chubbs
Jamila Coleman
Kevin & Sofia Colosimo
Kim & Katherine Daifotis
Jane & Robert Davis
Keeson Davis
Kimberly & Jacob Dreyer
Margaret & Lauren Dunlap
Stacy, Sydney, & Sophie
  Dunne
Tiffany & Simon Eng
Edgar & Melanie Estonina
Christina Fallone
Kristen & Kaitlin Fenn &
  Susan Carlson
Terri & Jacob Giamartino

Sharon & Annabel
  Gonzalez
Carrie Green-Zinn &
  Zaria Zinn
Jade & Jordan Greene
Annette, Katie, & Connor
  Hagan
Drew Harris
Arthur & Reed Haubenstock
Cameron & Bix Hirigoyen
Laurasia Holzman-Smith
Rochelle Jackson
Ryan Jahabli-Danekas
David Johnson
Lynne Jowett & Eloise Shaw
Elana Kalish
Gilda & Megan Kan
Caecilia Kim & Addison
  Brenneman
Olivier & Raphael Laude
Mark & Samantha Leeper
Mary & Simon Lindsay
Darien & Nicholas Lum
Peg Mallery & Elliot Dean
Ryan McCarty
Susan McKeever & Sophia
  Rosney
Alex Mellin
Justin Miloslavich
Lou, Terri, & Lou Molinaro

Tom, Genevieve, & Graham
  Morgan
Madeleine Myall
Betsy & Megumi Nakamura
Abby Newbold
Carly Olson
Terry, Kim, & Hunter
  Patterson
Elizabeth & Hayden Payne
Henrietta & Katie Plessas
Jim & Kira Pusch
Shanti Rachlis
Wayne & Thomas Riley
Kali Roberts
Blake Rotter
Leigh & Kai Sata
Haley Shipway
Kathryn Siegler
David Sparks
Jackie & Jaylyn Stemple
Brisa & Diva Stevens
Eloisa Tejero & Isabella Shin
Alisa & David Tomlinson
Lila & April Torres
Mahsati & Kiana Tsao
Paula Venables
Sebastian & Julian von Nagel
Gabriel Wanderley
Jenifer Warren & Grace
  Bailey

Pernille & Sebastian
  Wilkenschildt
Daisy & Karinna Wong
Sara Wong & Dean
  & Jack Fukushima
Tina & Anna Wood
Amy & Marissa Wright
Jill & Nicole Zanolli
Lisa Zuniga & Maria
  Carlsen

Le miroir de la page 60 nous a été gracieusement prêté par Mudpie, de San Francisco. Crayola et les motifs en serpentine sont des marques déposées de Binney & Smith et ont été utilisées avec leur permission.